生と死からはじめるマンダラ入門

森 雅秀

法藏館

生と死からはじめるマンダラ入門＊目次

第四章　マンダラの表現方法とその意味　99

第六章　マンダラは心を表しているか　177

生と死からはじめるマンダラ入門

第一章　自己と宇宙

一　私と世界はどのような関係にあるのか

ある少女の話

今から四〇年近く前の一九七〇年の一一月のことです。アメリカのロサンゼルスで一人の奇妙な女の子が「発見」されました（図1－1）。当時、その女の子は一三歳でしたが、生まれてからそれまで一度も自分の家から外に出たことがありませんでした。家の外どころか、家の中の一室に閉じ込められていたのです。両親はいたのですが、ほとんど接触はありませんでした。ベビーフードを与え、あとは放置していました。トイレもなく、オマルのような椅子があてがわれていただけです。騒いだときだけ、折檻されたり、罰として椅子に縛りつけられました。部屋の中にはベビーベッドと椅子以外には何もなく、二箇所にある小さな窓は、いつもカーテンで覆われていました。部屋は家の中の奥の方にあったの

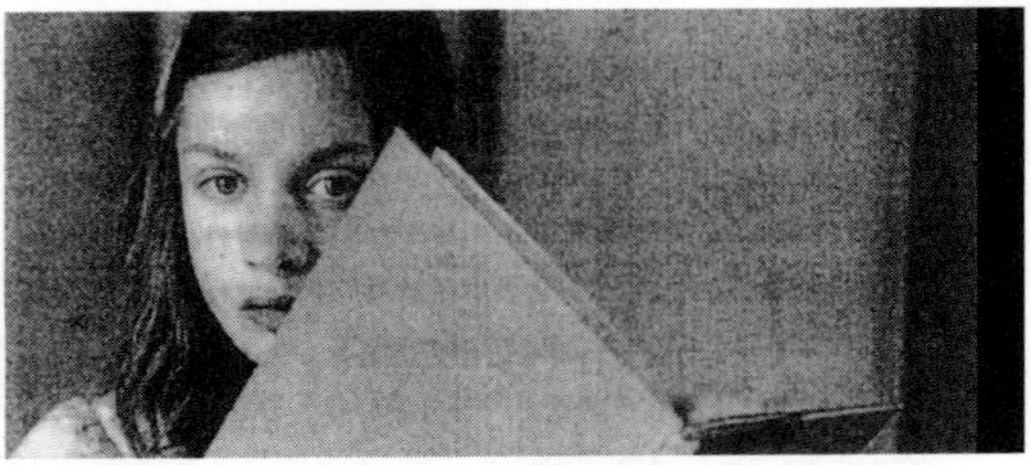

Genie spent the first 13 years of her life locked in a room. Horizon, 8pm, BBC2

Horizon — Genie
8pm, BBC2
Imagine spending the first 13 years of your life locked inside a single room. There's no one to speak to, no one to communicate with, no one to exchange stimuli. You get fed. You occasionally get hit. Sounds grim, no? How would you be? A human devoid of human skills. No. You'd be more. An animal without animal skills. Genie, the subject of this tale, was found in 1970, having been subject to the conditions described above. Immediately, she was put into the hands of the trusty experts — people who know. Watching the Super 8 film of her is the strangest thing. She has a posture like no other, eyes that can be located somewhere between the curious and frightened, and a reasonable enough tendency to sniff her surroundings. The other weird thing about her looks is that she's a dead ringer for a Kate Moss waif-type model. As ever with these things, the initial fascination quickly deteriorates into the usual depressive institutional grief. (JN)

図1－1　ジーニーについての番組を紹介する新聞記事

で、物音もほとんど聞こえませんでした。

少女は生まれてから一三歳まで、このような部屋にずっと閉じ込められ、放置されてきました。父親に精神の障害があったようですが、少女が発見されてしばらくあとで自殺してしまいます。母親は視覚障害者だったうえに、夫からつねに虐待を受け、少女のこともこのような状況に置いておくことを強要されていたといわれています。

発見されたとき、少女は六、七歳の体格しかありませんでした。歩くことは何とかできたのですが、カエルのような奇妙な歩き方をしました。跳んだり、はねたり、よじ登るといった運動はまったくできませんでした。眼は三メートル半より遠くには焦点を合わせられず、泣くこともできなかったと報告されています。大小便はたれ流し、固形の食べ物をかむことができず、うまく呑み込むこともできませんでした。つねによだれを垂らし、ところかまわず唾を吐き、歯は乳歯と永久歯がほとんど二重に生えていました。熱さや冷たさへの知覚も示さなかったそうです。

発見後ただちに医者を中心としたプロジェクトチームが発足し、しばらくのあいだ、治療や教育が進められました。彼らがとくに関心を持ったのは、彼女がまったく話すことができなかったことです。聞いて理解できた言語はわずかに数語で、もちろん二語以上の単語を組み合わせた文章も理解できません。言語学者や小児科医の手で、彼女が言語を習得できるようさまざまな努力がなされました。

保護されてからしばらくのあいだに、少女はいろいろな面で発達を示しました。生活習慣もいくつか身につき、周囲の人物の働きかけにも反応するようになりました。しかし、言語能力だけはほとんど進歩が見られませんでした。数年経過して語彙はいくらか増えましたが、二つの単語を組み合わせた二語文がかろうじて話せる程度で、しかも文法的な規則は結局、最後まで身につかなかったそうです。単なる単語の羅列だったのです。また「なぜ」などではじまる疑問文を作ることもできませんでした。

もうひとつ、彼女の言葉の用い方で注目されたのは、自分とまわりの世界との境い目がはっきりしていないことでした。自分が誰で、相手が誰であるかが、いつまでもわかりませんでした。そのため、自分を指しながら「ママ、あなた、好き」と言ったりしたそうです。

少女は人権上の配慮から本名は明らかにされず、医者や研究者のあいだでは「ジーニー」と呼ばれていました。ジーニーに関するプロジェクトチームの活動は、一部のメンバーのあいだの不和が原因で、数年の後に停止します。ジーニー自身の発達も伸び悩んでいたことや、少女の人権上の問題なども、研究グループの分裂や消滅の原因となったようです。

自己と他者

このジーニーという少女が、自分自身をどうとらえていたかを考えてみましょう。おそらくわれわれとはまったく違う感覚で、自分というものをとらえていたのではないかと思います。

言葉がしゃべれない、あるいは言葉が理解できないということは、決定的なことです。たとえば、われわれが机の上を見て、鉛筆がある、消しゴムがある、ノートがあるとわかるのは、その言葉を知っているからです。概念がわかるからです。あるいはこの部屋はちょっと暑いなとか、外は雨が降っているだろうなというように思うのは、われわれが言葉で世界をとらえているからです。おそらくそういう手段を持っていない者にとっては、たとえば生まれたばかりの赤ん坊もそうですが、自分のまわりを取り囲む世界をとらえる方法は、われわれとまったく違うのではないかと思います。

しかし、それ以上にこの女の子の場合は、自分以外の者がいなかった、つまり他者がいなかったということが決定的でした。両親がごく短い時間、顔を見せることがあっても、それ以外に自分のまわりに他のもの、人間も動物もそれから物も音も、そういったものがまったく存在しない世界です。まったく刺激がない世界と言ってもいいでしょう。生まれてからそのような状況に置かれていた彼女は、われわれが自分自身をとらえるように、あるいは自分自身と世界をとらえるようには、おそらくとらえていなかったと思います。

彼女がいたのは、いわば「私だけの世界」です。それでは私だけの世界に「私」はいるかというと、非常に逆説的になるのですが、「私」しかいない世界というのは「私」さえもいないのです。つまり、他と区別される私がいない世界というのは、私そのものがいない世界なのです。おそらくそれは、「私」ということさえも失われてしまうような世界ではないかと思います。彼女が言語を習得できなかったこと、とくに自己と他者の区別がつけられなかったことは、このことと関係するのでしょう。

ジーニーのケースは極端な例ですが、それではそのようなきわめて特殊な状況に置かれているわけではない私たちにとって、「私」というのはそれほどはっきりしたものでしょうか。私とは何でしょうか。これまでの話からすると、「私」というのは私以外のものから区別されたもの、あるいは私以外の部分と一緒になって全体をつくっているものということができます。もちろん割合から見れば、たとえば物理的な量から見れば、全体、つまり宇宙の中の私というのはまったくちっぽけなものでしかありません。宇宙全体から見れば、一人の人間というのはゼロに等しい存在だと思います。しかし、誰でもそうでしょうが、自分自身というものは他の何よりもたしかなものであって、他の何よりも大事なものと思っているはずです。つまり、大きさはどんなに違っていても、私と私以外の部分というのは比べられるようなものではありません。

しかし、ほんとうにそうでしょうか。私というのは、それほどたしかなものなのでしょうか。

二 「私」とは、どこからどこまでか

「私」の最後の砦

私たちは、「私」というものはたしかにあると思っています。それは他人の誰でもなくて、どんなに仲がよくても友達の誰でもないし、世界中に何十億人という人間がいても、その

誰でもなくて、私は私自身であると思っているはずです。それはテレビゲームの中の登場人物のように、スイッチひとつで現れたり消えたりするようないい加減なものではありません。

それでは、「私」とは身体のどこからどこまででしょうか。たとえば髪の毛は私でしょうか。あるいは爪は私でしょうか。少なくとも身体についているときは私に含まれると思います。私の一部分を構成していると思います。しかし、髪の毛や爪は切るのに痛みは伴いません。切られてごみ箱に捨てられた爪が私自身だとは、おそらく思わないでしょう。かつて私の一部を構成していたものという程度で、私自身であるとは考えないと思います。また爪や髪の毛を切ったところで、残りの部分が私であることには何ら変わりはありません。爪や髪の毛は痛みを伴いませんが、痛みを伴う部分であっても、不幸にして損傷を受ける場合があります。指、腕、足などを失う事故がありますが、そういう身体の部分が損なわれても、やはり私は私だと思うはずです。

このように進めていきますと、さてどこまで行けば、どこにその境界があるのでしょうか。内臓の一部が失われてもおそらく大丈夫でしょう。病気で胃を摘出することもありますが、胃がなくなっても私が私であることに変わりはありません。もちろんそれなりの治療や処置は必要ですが、胃のない自分も私であるという意識を持つことはたしかです。それではは心臓はどうでしょうか。心臓も大丈夫でしょう。それだから心臓移植ができるのです。たとえばAさんにBさんの心臓を移植したからといって、AさんがBさんになることはありません。ただし、古い時代には心臓が私というものの中核にあると考えることが一般的でした。漢字でも「心」という字を使いますし、英語でもheartというのは心臓を指すと同時に、その人の本質のようなものとしても用いられる言葉です。

現代の人々の大多数が自分自身だと考えうる最後の砦は、おそらく脳だと思います。つまり私が私であるということを信じていられるのは、脳があれば何とか、かろうじて可能だと考えているのです。

それでは今度は逆の見方をします。つまり脳だけで生きていけると仮に想定します。身体の部分は脳以外にはまったくありません。手も足も内臓もない。脳だけでいわば培養できたとします。さてその脳は、はたして私でしょうか。ＳＦや漫画の世界ではときどきこのような話がありますが、実際に可能であった場合、はたして脳だけの存在が私と思えるでしょうか。つまり、何も見ることはできません。何も触ることもできません。言葉も発せられません。手も足もありませんから当然動くこともできません。かゆいところにも手は届きません。脳がかゆくなるかどうかは知りませんが……。たぶん、かゆくならないでしょうね。

というわけで、先ほどあげた問題、「私」というのはどこからどこまでであるのかというのは、わかっているような気がしますが、つきつめて考えればわからなくなるようです。これは心というものはどこにあるのか、私が私だと思う心はどこにあるのかと言い換えることもできます。

ただし、脳の働きが重要であることは間違いないでしょう。私が私であるということを確固として信じていられるのは、脳に記憶が詰め込まれていることがひとつの重要な条件だと思います。われわれには、いわゆるものごころついた子どもの頃からの記憶がありま す。昨日から前のことを全部忘れてしまった私が、私であるとはなかなか思えないわけです。記憶があるということが、いわば一貫した自分というものを維持していくためのひとつの重要な要素であると思います。それからもうひとつ、意志を持つことができるということも重要な条件でしょう。これからのことを考えることができるというのは、脳あるいは心の重要な働きです。明日も私は私であることに何の疑いもないから、意志を持つことができるのです。

これは別の言い方をすると、自分は記憶によって過去と結びつき、さらに意志によって未来に結びついているということになります。過去と未来の接点にわれわれはいるのですから、われわれは生まれてから死ぬまでの時間帯の中に、一貫して継続している、そういう存在であることを無意識のうちに確信しているのです。そのことをわれわれは、「私」という言葉に凝縮させているのかもしれません。

「私」の中の異物

もう少し「私」について考えてみたいと思います。私たちの体の中にはたくさんの微生物が棲んでいるはずです。ヨーグルトの宣伝で知られるビフィズス菌がありますし、大腸菌もいるでしょう。何兆、何億という菌が棲んでいるはずです。これら、われわれの体に寄生している微生物は「私」でしょうか。おそらく、ほとんどの人は私じゃないと思うでしょう。それでは、物理的には不可能だと思いますが、もし仮にそのような微生物を全部取り除いたとします。そうすると純粋な「私」ができあがるでしょうか。私とは異質なものが体内にあるとして、それを全部取り除いてしまったとしたら、純粋な私というものが残るでしょうか。おそらくそれができたとしても、その瞬間に、あるいはそれ以前に、その人は死んでいるはずです。われわれは体内に微生物がいるから生きていられる、つまり体内の微生物と共生しているのです。

別に微生物を例にしなくてもいいかもしれません。たとえば人間も含め動物であれば、呼吸をします。酸素を摂取して、二酸化炭素を排出します。空気中にある酸素をわれわれが吸うと、肺と心臓で血液中に入り、ヘモグロビンという形で赤血球の中に蓄えられます。そうすると、ヘモグロビンの中にある酸素と、空中に浮かんでいる酸素というのは何が違うのでしょうか。たまたま私たちの体の中に入っているというだけではないでしょうか。そうしますと、じつは私たちの体の中の酸素というのは、空気中の酸素とつながっていることになります。あるいはそのあいだで、つねに移動が起こっているということもできます。別の見方をすれば、われわれ人間を含め、生物というものは酸素というものにぶら下がって、しがみついて生きているわけです。

日常生活の中では、酸素は無限にあるような気がしますから、つながっているという意識はあまり生じません。しかし、あまりいい例ではないかもしれませんが、密室の中に複数の人物が閉じ込められたとします。酸素は外からは入ってきません。そうすると、たとえば二人でもいいのですが、AさんとBさんという人が吸う酸素というのは、その密室の中にある酸素だけです。Aさんが吸った分だけBさんは吸えなくなるわけです。密室の中の酸素に二人の人物が否応なく結びつけられている状態なのです。

宇宙と私

もっと拡大してこの地球全体に広げてみましょう。そこにある大気はおそらく有限でしょう。いわば密室の中の酸素と同じようなものです。その中にわれわれは、ぶらぶらとぶら下がっているわけです。それがないと生きていけませんから、ぶら下がらざるをえないのですね。そうしますと、われわれの体の中にある酸素と大気中にある酸素とがつながっていて、そのあいだに切れ目がないとするならば、先ほどと同じことなのですが、「私」というものはどこまで行っても「私」となります。つまり、たまたまわれわれは身体というものを持って生きているので、それが私だと思っていますが、これはいわば仮の領域にすぎないことになります。

一方、空気中の酸素というのは単独で存在しているわけではありません。それ以外の成分との微妙なバランスの上に成り立っているはずです。そのバランスは地球上だけではなく、それを取り囲む他の物質や天体とのあいだにも成り立っているのでしょう。そうすると、最後はどこまで行くでしょうか。おそらく宇宙全体という答えが返ってくると思います。宇宙全体とわれわれが結びついているということです。

さて、宇宙というのはわれわれすべてを含む全体のことですが、それ以外のものというのは何か考えられないでしょうか。宇宙が「全体」なのですから、それ以外のものを考えるというのは論理的には矛盾しています。しかし、われわれ人間を先ほどの微生物に置き換えてみると、このような問題設定は可能です。つまり、われわれは人間の体をしていますが、もしバクテリアか何かだとします。そのバクテリアはある生物の体内でしか生きられないとします。そうすると、そのバクテリアにとって、ある生物の体の外の世界というものは存在しないことと同じかもしれません。しかし、そのバクテリアが寄生する生物からすれば、自分の外側の世界は当然存在しています。これを先ほどの宇宙と人間に重ねてみましょう。つまり、宇宙を大きな生命体だとすると、われわれはその中をうごめいているバクテリアです。われわれは宇宙の外に出ることはできません。しかし、われわれはバクテリアではなく、思考することができるので、その外側のことを考えることはできます。われわれが認識できる世界を超越したところにある、「何か」をです。

これで三つのキーワードが出そろいました。ひとつは何度も登場した「私」です。それから「世界」、これは「宇宙」と言ってもいいと思います。そして三つ目に、世界を超越した何らかの存在です。ここから、インドに話を進めます。

三　ブラフマンとアートマン

世界をつくる素材とエネルギー

インドの人たちは何千年も前からこういうことを考えてきました。つまり、「私」と私のまわりにあって私を取り囲む世界です。これらが何であるのかを、何千年も前から考えてきたのです。彼らは二つの言葉でこれをとらえようとしました。ひとつが「アートマン」という言葉です。もうひとつが「ブラフマン」です。

ブラフマンというのは「梵」という言葉でよく表現されます。しかし、これを見ても何もイメージはわきません。ブラフマンとは本来、儀式の中で用いられて、呪術的な力を有していた言葉のことを指していたと言われます。その力は儀式を通じて、宇宙全体の秩序にまで作用を及ぼすことができると考えられました。そのためブラフマンは、宇宙原理と説明されることもあります。しかし、これでもまだよくわかりません。もう少し別のところから説明しましょう。

宇宙ができたのは何十億年も前のことと言われています。それから今日にいたるまで、変化し続けながら持続してきました。ここで「宇宙ができた」と言うからには、それができるための材料が必要だったはずです。何もないところからは何もできませんから。これに加えて宇宙の創造にも維持にも、何かエネルギーも必要でしょう。

別に宇宙でなくてもいいのです。料理をするとします。料理をするためには材料となる野菜や肉や米などが必要です。それから、材料だけで勝手に料理ができあがればこんなに楽なことはないのですが、実際はそうではありません。料理を作る人がいなければなりません。それから、作るためのエネルギーが必要です。料理を作る人は、切ったり混ぜたりするために力を使いますし、煮たり焼いたりするためには火などのエネルギーも必要です。

インドの人々は、このように何かから何かができるという現象を、原因と結果という言葉でとらえました。われわれは日常生活で原因と結果というと、もう少し別のものを考えます。たとえば「授業がつまらないから内職をする」とか、「朝寝坊したから遅刻する」とかです。インドでもこのような理由や言い訳なども原因と結果でとらえるのですが、もう少し広い意味で用います。今の料理のたとえを用いれば、できあがったご馳走が結果です。そして材料となる野菜や肉、作る人、そして火などのエネルギー、調理のための道具、これらをすべて原因と呼びました。

原因は大きく二つに分かれます。ひとつが質料因です。それからもうひとつは動力因と言われます。今の例では、材料が質料因です。つまり野菜、米、肉のたぐいです。動力因というのはそれを作る人、その人が使う力、用いられる道具、そして火などのエネルギーです。質料因と動力因という二つの因が結果を生み出すためには必要であると、インドの人たちは考えました。これは別に日本人でも常識的にわかると思います。

すべてがプログラムされている

次から少しわかりにくくなります。インドの思想家の中に、結果がすでに原因の中に潜在的に隠れているというように考える人々がいます。原因の中に結果が最初からそなわっているということです。このことを「因中有果論」と言います。文字どおり、因の中に果が有る、そういう考え方です。先ほどの料理を例にとると、素材である野菜とか肉の中に、さらには料理を作る人や加えられるエネルギー、料理を作るための道具などのすべてに、結果であるご馳走が、すでに潜在的に存在しているということになります。ちなみに、これの反対は「因中無果論」です。これは、因の中に果がない、因と果は別々のものである、ということです。われわれにはむしろ、この「因中無果論」の方がわかりやすいかもしれません。

ブラフマンを説明するときにも、因中有果論を用いるとうまく説明できます。というのは、ブラフマンとは「宇宙の質料因であり、かつ動力因であり、しかも宇宙そのものとして顕現する」という言い方をするからです。しかし、これだけではよくわからないと思います。

ブラフマンから少し離れましょう。

「因中有果論」のような考え方は、料理の話よりもっとわかりやすい例があります。それは卵とか種です。つまりわれわれ人間も含めあらゆる生物は、もとをたどれば一個の細胞からできていました。人間などの場合、二つの生殖細胞から受精卵ができて、どんどん成長していきます。そして、その中に成長していくためのプログラムがすべてそなわっていると言われます。これは驚くべきことだと思います。つまり、一個の受精卵が「原因」で、現在のわれわれの姿を「結果」だとします。一つの受精卵であったときに、結果である今の姿のほとんどすべてを遺伝子レベルで持っているのです。プログラムされているわけです。時間の経過に従って、適当な栄養とか刺激が与えられればプログラムどおりに変化が起こります。手ができる、足ができる、脳が発達する。生まれてからは成長していく。二〇歳ぐらいになれば身体的な成長が止まって、四〇歳、五〇歳を過ぎると老化が進んでいく。これらがすべてプログラムされているわけです。ですから誰もが皆、かならず年をとるのです。

ついでに述べておくと、死ぬことも当然プログラムされています。もちろん、交通事故などの不慮の死は別です。われわれの体の中では毎日、細胞が死んでいます。それはたいへんな数だそうです。何十億という細胞が毎日毎日死んでいます。この中には怪我や火傷などによって死ぬ細胞もありますが、その大半はプログラムされていて、きちんと死ぬべくして死んでいる細胞です。それは、人間が生まれる前、すなわち母親の胎内にいるときからすでに起きています。このような細胞の自然死をアポトーシスといって、そのメカニズムの研究がエイズやがんの治療などのために進められているそうです。それと同じように一つの個体レベルでも、あるところまでいくとかならず死ぬようにできているわけです。死というのは避けられないけれども、できれば避けたいものとふつう考えますが、そうではなくて、死は最初から徐々に始まっているのです。人間を含めて生物の場合、生まれるということは死ぬことをつねに伴っているのです。

万物はブラフマンである

少し話がそれましたが、このようなイメージでとらえますと、質料因と動力因が結果に結びついていて、その結果がすべて原因の中にそなわっているということが、何となく理解できるのではないかと思います。ブラフマンというのは質料因でもあり動力因でもあり、そして、それが結果として姿を現したものが宇宙、あるいは世界となります。宇宙というものはそれ自体が素材であり、しかもエネルギーもそなえていて展開を続け、最終的に現在の姿として顕現しているわけです。宇宙全体をひとつの生命体に見立てるというのは、このことにもあてはまります。一つの細胞から生物ができあがるわけですから。

宇宙全体を一個の生命体として見た場合、そのほかには何も必要としません。それ自体が展開していくため、すべてそこにそなわっています。展開するために必要なエネルギーもそなえており、外からは何も供給されずに、材料も与えられずに、それから刺激も与えられずに、情報も与えられずに展開して顕現します。

そのようなものを、古代のインドの人たちがどのように表現したかを紹介しましょう。古代のインドの文献にウパニシャッドと呼ばれる哲学書があります。紀元前五〇〇年頃を中心に、その前後数百年のあいだに成立したと言われています。そのひとつ『タイッティリーヤ・ウパニシャッド』の中に次のような文章があります。

ブリグ・ヴァールニは父ヴァルナのもとにおもむき、「尊き方、ブラフマンを教えてください」と請うた。父は彼に、これ〔すなわちブラフマン〕は食物、生気、眼、耳、意、言葉等であると説き、そして言った。「これらの生類がそこから生まれ、それによって生き、〔死んでは〕それへと帰入するもの、そのようなものを知ろうと努めなさい。それがブラフマンなのだ」と教えた。

つまりブラフマンとは、われわれも含めて生物が生まれ、生命を育み、それから最終的には生命が帰っていく、そのようないわば基体です。しかもブラフマンというのは、そういうものであると同時にさまざまなものとして現れる。ここでは食べ物、それから生気、眼、耳、心、言葉、これらさまざまなものとして姿を現している。つまり、ブラフマンというのはすべての存在の原因であると同時に、それは個々のものとして姿を現しているということです。そして、その姿を現しているものの総体が宇宙として、あるいは世界として顕現しているということになります。

けし粒よりも小さく、世界よりも大きい

次にアートマンの話に移りましょう。アートマンはいわばこの対極にあるものです。アートマンという言葉自体は非常に広い意味を持ち、よく使われる言葉です。「自体」とか「自己」というような言葉に相当します。本来は個々の人間に宿る、気息や生気を指す言葉として用いられました。「個我」という言葉でもよく訳されます。しかしこれでもよくわかりませんので、ここでも別の説明をしましょう。

この世界や宇宙にはおそらく無限のものがあります。それは小さいものもあれば大きいものもあります。しかし、形や大きさはいかなるものであっても、それらはすべてそれぞれ、ひとつのまとまったものとしてとらえられます。そして、いかなるものであっても、ひとつのまとまりであり、閉じたものとしてとらえられれば、それはいわば小さな全体に

なります。古代インドの人は、そのようなものにはアートマンがそなわっていると考えました。つまり、それ「自体」ということです。ちょうどそれは、先ほど述べたように、たとえこの身体が仮の領域であっても、私が私「自身」であるととらえられることに似ています。「個我」というのはそのためです。そしてさらに、アートマンをそなえているということが、それがアートマンであるというように置き換えられます。アートマンを持っていれば、そのアートマンを持っているそのものがアートマンであると考えるのです。

アートマンについての説明もインドの原典から紹介しましょう。『チャーンドーギヤ・ウパニシャッド』という文献からです。

これが心臓の内部にある私のアートマンである。それは米粒よりも、あるいは麦粒よりも、あるいはけし粒よりも、あるいはきび粒の核よりもさらに小さい。

おそらく当時のインドの人たちが知っていた一番小さいものは、きび粒の核だったのでしょう。さらに続きます。

〔しかし〕この心臓の内部にある私のアートマンは大地よりも大きく、空よりも大きく、天よりも大きく、これらの諸世界よりも大きい。一切の行為を内包し、一切の欲求を有し、一切の香をもち、一切の味を具え、一切に遍満し、無言にて、超然としているもの、これが心臓の内部にある私のアートマンである。

そしてここで突然、「これはブラフマンである」と言って締めくくられます。

「汝はそれなり」

古代インドの人たちは、このブラフマンとアートマンという二つのものを考えたとき、究極的にはこの二つは同じであるということを直観しました。そして、これを「梵我一如」という言葉で表現しました。宇宙全体を最も小さいもの――きび粒の核よりもっと小さいもの――から、最も大きいもの――おそらくそれは宇宙そのものなのでしょう――という座標軸の中に置いたのです。

先ほどのブラフマンは、最も大きい方から順に見てきたわけです。つまり、宇宙全体から宇宙全体の因であり、しかも果としてひとつひとつの姿で現れているもの、いわばマクロの方からすべてをとらえようとした見方です。宇宙全体から始まって、どの部分を切っていっても個々の現象として現れているので、それはブラフマンとなります。一方のアートマンは、最も小さいものから最も大きいものにいたるまで、ひとつのまとまりとしてあるのであれば、それらはすべてアートマンをそなえている、あるいはアートマンであるということでした。そうすると、こちらは極小、つまりミクロの方からスタートして、座標軸を大きい方に向かって進んでいきます。そして古代インドの人々は、スタートラインや方向が違うだけで、ブラフマン（＝宇宙）とアートマン（＝個我）というものは、じつは同じものであったということに気がついたわけです。

それを彼らは、「汝はそれなり」(tat tvaṃ asi) という言葉で表現しています。極端なまでに簡潔な表現です。この場合の「汝」というのは、会話をしている当事者、すなわちそれぞれの「私」のことです。つまりアートマンです。「それなり」の「それ」というのはブラフマンです。アートマンはブラフマンであるということを、たったひとつの言葉で表現しているのです。

四　世界は実在するか

サーンキヤ学派の二元論

これまで述べてきたのは、古代のインドの考え方です。ヴェーダの文献の中のウパニシャッドと呼ばれる文献が現れた頃の代表的な考え方です。個我のレベルと宇宙全体のレベルという二つを設定し、両者の関係を考察し、究極的には両者が同一である、つまり梵我一如であるということです。もう少し時代が下ると、インドの思想の中にいくつかの学派が形成されます。代表的なものは六つありますが、その中の二つの学派による自己と世界に関する考え方を紹介しましょう。

ひとつがサーンキヤと呼ばれる学派です。この学派は二元論の立場をとります。つまり、世界には二つのものが実在している。その二つのもので世界の形成や世界のあり方を説明するのです。サーンキヤ学派はその二つのものを、精神と物質という形でとらえました。その精神にあたるものを「プルシャ」と呼びます。文字どおりには「人」という意味ですが、サーンキヤ学派の場合、一般的に「純粋精神」と訳されます。もうひとつの物質は、インドの言葉では「プラクリティ」といって、「根本原質」という訳語があてられます。

われわれが見ているこの世界は、先ほどの宇宙の説明と同じように、プラクリティが展開してできあがったと考えています。つまり何か根源的な物質があって、それが自然にどんどん変化して展開し、最終的に今の現象世界が現れたと考えます。こういう考え方を展開説（パリナーマ・ヴァーダ）と呼びます。それでは、もう一方のプルシャ、つまり宇宙全体の精神は何をしているかというと、何もしません。ただ見ているだけの単なる傍観者です。世界が展開していく様子をただ見ているだけで、力を貸したり、軌道修正したりすることはありません。そのためプルシャのことは、「観照者」とも呼ばれます。

このことをサーンキヤ学派の人たちは、王様と踊り子というたとえで示します。つまり、王様がプルシャで、踊り子がプラクリティです。インドの王様ですから玉座に座って踊りを見ています。次々に踊り子が現れては王の前で踊りを踊って姿を消していくという、そういうシーンです。ちょうどそのように世界というのはプルシャの前でただプラクリティが展開しているだけで、それを観照者としてプルシャが見守っていると考えたのです。

仏教を含め、インドの思想や宗教は最終的に解脱というものを求めます。このプラクリティが展開することによって世界ができるのであれば、展開しなかった状態にまで戻せば解脱に到達できるとサーンキヤの人々は考えました。「展開」に「未」をつけて、「未展開の状態」と言います。そうすればプラクリティは展開していないので、プルシャすなわち純粋精神だけになります。そういう状態になれば解脱が完成されると考えました。そのために必要な手段が、たとえばヨーガです。

シャンカラの仮現説

最後にインドのもうひとつの学派、ヴェーダーンタ学派の考え方を紹介しましょう。

ヴェーダーンタ学派はインドの正統派の中でも代表的な学派で、先ほどの梵我一如の伝統を忠実に受け継いでいます。つまり、ブラフマンは世界の因であり、しかも世界としてブラフマンは顕現するということです。八世紀、ヴェーダーンタ学派にシャンカラという哲学者が現れました。彼はこの「ブラフマンは世界の因であり、しかも世界としてブラフマンは顕現する」ということを、彼なりに説明しようとします。そのために彼は、二つのブラフマンというものを立てます。ひとつが最高のブラフマン、そしてもうひとつが低いレベルの、低次のブラフマンというものです。なぜこのように分けたかというと、二つに分けることによって最高のブラフマンというものを、いわば究極的な実在として置いたままにして、この世界として顕現したのは低次のブラフマンであったとすることができるからです。

つまり、現実の世界というものは、低いレベルの方のブラフマンが無数のアートマンとなって現れたものであると説明しました。しかもその現れたというのは、仮現、つまり仮に現れたものにすぎないとしました。つまり、実在していないのだというように世界をとらえたのです。これを仮現説（ヴィヴァルタ・ヴァーダ）と言います。二つのブラフマンを立てて、そのうち高次のブラフマンのみが実在していると主張したのです。そして低次のブラフマンと、それが顕現した無数のアートマンを幻（マーヤー）であるとして、その実在を否定します。

これは先ほどのサーンキヤの考え方と構造的にはよく似ています。サーンキヤ学派では王の前で踊り子が踊るように世界は展開したわけですが、シャンカラの場合、世界は展開していても、それは踊り子のような実在のものではなくて、いわばスクリーンに映された映像のようなものとしてとらえられているわけです。こういう考え方というのは、大乗仏教の「空」と非常に近いものがあります。二つのレベルを分けることも、大乗仏教の代表的な哲学者である龍樹の思想に見られます。シャンカラはそのために、「仮面の仏教徒」と言われて批判されることがあります。

「自己と宇宙」と名づけたこの章の内容を、簡単にまとめておきましょう。「自己とは何か」「私とは何か」ということを、いくつかの例をあげて考えてきました。「私」が「私」であることは自明のことのように思われますが、かならずしもそうではありませんでした。そして「私」という存在は、それを取り囲む「世界」とは無関係には存在しませんでした。

インドの思想家たちは、何千年も前からこのようなことを考えてきました。その結果、ブラフマンとアートマンという二つの原理を見つけだしたのです。そして両者が本質的には同一であるということを前提に、その後の思想は展開していきました。

しかしインドの思想家たちにとって、世界のあり方に関するこのような探究は、あくまでもひとつの過程にすぎません。彼らにとって最も重要なことは解脱でした。「私」の仮の領域であるこの身体に拘束されず、そして生と死という無限の繰り返しから抜け出すことが、究極的な目標だったのです。自己と宇宙に関する探究はそのためのスタートラインなのです。

第二章　死のイメージ

一　死をイメージする

はじめにひとつの物語を紹介しましょう。

死神

もともと死神は善良で、年寄りや体の弱った者の命だけを奪っていた。神は生命をむだにはせず、「年寄りの命だけ奪い、ほかの者には手を出すな」と死神に命じてあった。そこで死神は毎日年寄りを狙い、掟を守った。ある日、死神が一軒の家に入っていくと、年老いた女が赤ん坊をあやしていた。

「さあ、来るのだ」と死神は言った。

「お慈悲を！」と老女は応じた。

「私はまだ人のお役に立っています。ほら、このとおり！」

「もっともだ」と死神は言い、去っていった。その晩、死神は神に昼間の出来事を話した。

「お前は私の言いつけに背いたな」と神は言った。

「罰として、お前の目を奪う。明日から、誰であろうとお前が触れた者は死ぬことになる」。それ以来、あらゆる年齢の人間が死ぬようになった。

これは『死のコスモロジー』(凱風社、一九九八年）という本からの引用で、アフリカのコートジボアール（象牙海岸）の神話だそうです。この話の中の最も重要な登場人物は死神です。この死神はどのようにイメージされるでしょうか。この文章を読む人は、どんなイメージをこの死神に対して持つでしょうか。

一定ではない死のイメージ

私たちは死そのものをイメージすることは不可能だと思います。なぜなら死というのは、目に見えたり手に触れることができるものではなくて、ある状態や事実であるからです。英語では日本語の「死」に関係する単語がいくつかあります。death, dead, そして動詞に die

というのもあります。英語の場合、われわれの名詞の「死」にあたるのは、はじめのdeathです。死そのものです。それからdeadというのは、形容詞として使う場合は「死んでいる」「死んだ」という状態を表す言葉です。さらにdeadが名詞として用いられた場合は「死体」を指します。

おそらくわれわれが死というものから最初に思い浮かべるイメージは、この「死体」や「死者」ではないでしょうか。死から連想する言葉であれば「葬式」「法事」「成仏する」、最近の言葉では「脳死」「安楽死」「尊厳死」「臨死体験」などでしょうか。あるいは死後の世界の「地獄」や「天国」、あるいは日本ふうに言えば「極楽」などという言葉もあります。しかし、これらはすべて「死」そのもののイメージではありません。たとえば「死者」とか「死体」というのは、「死んだ人」「死んだ生き物」であるわけです。

それからもうひとつ付け加えておくと、われわれが絶対体験できないもののひとつに自分の死があります。「そんなはずはない」と思うかもしれません。人間を含め生物は皆死ぬはずなのですから。しかし、死というものが死んだ状態であるとすれば、われわれ自身は死というものは絶対体験できないわけです。つまり体験というのは生きているものがすることですから、自分の死を体験するというのは矛盾した言い方になるのです。

このように考えると、死のイメージは、われわれが持っている死体とか骸骨とか、そのようなものとは、もしかしたら一致しないものもあるのではないか。現代の日本で生きているわれわれにとっての死のイメージと、これから問題にするインドのように、地域や時代や文化も異なるところの死のイメージは、別のものなのではないか。そういうことを考えてみたいと思います。

二　誰にでもおとずれるもの

時の翁

はじめの話に戻りましょう。先ほど死神の話を読んだときに、おそらく大多数の人が死神のイメージとして、黒いマントを被って、手に鎌か何かを持っている骸骨のようなものを想像したのではないかと思います。おそらく現代の日本人の多くが、死神と耳にしたときに、このようなものをイメージすると思いますが、これはもともと日本のものではありません。ヨーロッパで生まれたものです。先ほど英語で「死」に関わる言葉をあげて、その中に「死」を意味するdeathを紹介しました。同じ単語のはじめのDを大文字で書いた場合、死そのものではなく「死神」を意味します。つまり、「死」と「死神」は同じ単語で表現されるのです。

黒いマントに身を包んだ骸骨というこのイメージは、二つのイメージが重なったものです。そのひとつが「時の翁」と呼ばれるものです。図2－1もそのひとつです。この老人は大きな鎌を持っています。もちろん死をもたらし、死者を死の世界に導くために使う鎌です。松葉杖をついているものもあります。老人であるということも含めて、老いであるとか、衰え、体の機能の低下なども表現されます。この絵にはありませんが、重要なものとして砂時計を持っているものもあります。時の翁ですから時間を象徴する砂時計を持っているのです。それから翼が生えています。なぜかというと、時や死は速やかにやってくるということを表すためです。老人の近く

図2－1　時の翁（E・パノフスキー／浅野徹ほか訳『イコノロジー研究』美術出版社、1987年、60図）

には自分で自分の尻尾をくわえた蛇が描かれるときもあります。蛇ですから全体は円になります。古くからよく知られたシンボルで「ウロボロス」と呼ばれます。これも循環する「時」を表しています。このようにこの「時の翁」は、その名のとおり、時を象徴するシンボルをいくつもそなえています。

「時の翁」には目隠しをしたり、目が見えないものもあります。はじめにあげた神話と同じ発想で、死とは目が見えないものなのです。つまり死神が死をもたらすのは、それを判断しているのではないからです。老若男女を問わず、職業や身分に関係なく、あらゆる者がすべてまぬかれることができないのが死であり、それを目が見えない、あるいは目隠しをした状態で表しています。ちなみに、ヨーロッパの神話や美術には、同じように目隠しをしたものがもう一人います。キューピッドです。恋愛をつかさどる神で、弓矢を持っています。この矢を射られると恋愛感情が芽生えますが、キューピッド自身は目隠しをしているので、特定の対象をねらって打っているわけではありません。「恋は盲目」という言葉もあります。

死の舞踏

「時の翁」には骸骨のイメージはありません。それは先ほど述べたもうひとつのイメージに由来します。それは「死の舞踏」（ダンス・マカーブル）と呼ばれる絵です。中世のヨーロッパで本の挿絵や壁画などに数多く描かれています（図２－２）。この絵には骸骨が何人も登場します。いずれの骸骨も人間とペアを組んでいます。何をしている絵かというと、死んだ者が生きている者を死の世界へと導く姿なのです。少ないもので一〇人程度、多いものので三十数人のパターンがあるようですが、いずれも行進をしたり、踊りを踊っているよ

図２－２　ダンス・マカーブル／1485年版マルシャン本より（小池寿子『死者たちの回廊　よみがえる「死の舞踏」』平凡社ライブラリー版、1994年）

うに手に手を取って進んで行きます。ですから「死の舞踏」と言うわけです。

これも先ほどと同じですが、死というものはいかなる者もまぬかれることはできないということを表しています。キリスト教の世界ですから、教皇から始まってさまざまな聖職者、王様、貴族が登場します。つまりどんなに身分の高い者でも、死はまぬかれないということです。それから一般大衆、子どもが出てきます。これらの者たちがすべて、骸骨の姿をした死者と舞踏をしながら、死の世界へと導かれます。

時の翁と死の舞踏に出てくる骸骨の姿が、われわれの死神のイメージのもととなっています。時の翁は死そのものではなくて、死をもたらすものです。ただし英語ではそれらを、同じ death という言葉で表現しています。もう一方の死の舞踏の骸骨は、これは骸骨だけではなくて肉がついている状態のものもあるのですが、いずれにしても死者のイメージです。英語では dead の方です。つまり、死をもたらすものと死者というこの二つのイメージが重ね合わされて、われわれの知っている死神ができあがります。

「九相詩絵巻」

われわれの日本で、同じように死のイメージを考えてみましょう。

死をもたらす神とか、あるいは死をつかさどる神や仏というのは、日本人の宗教では思

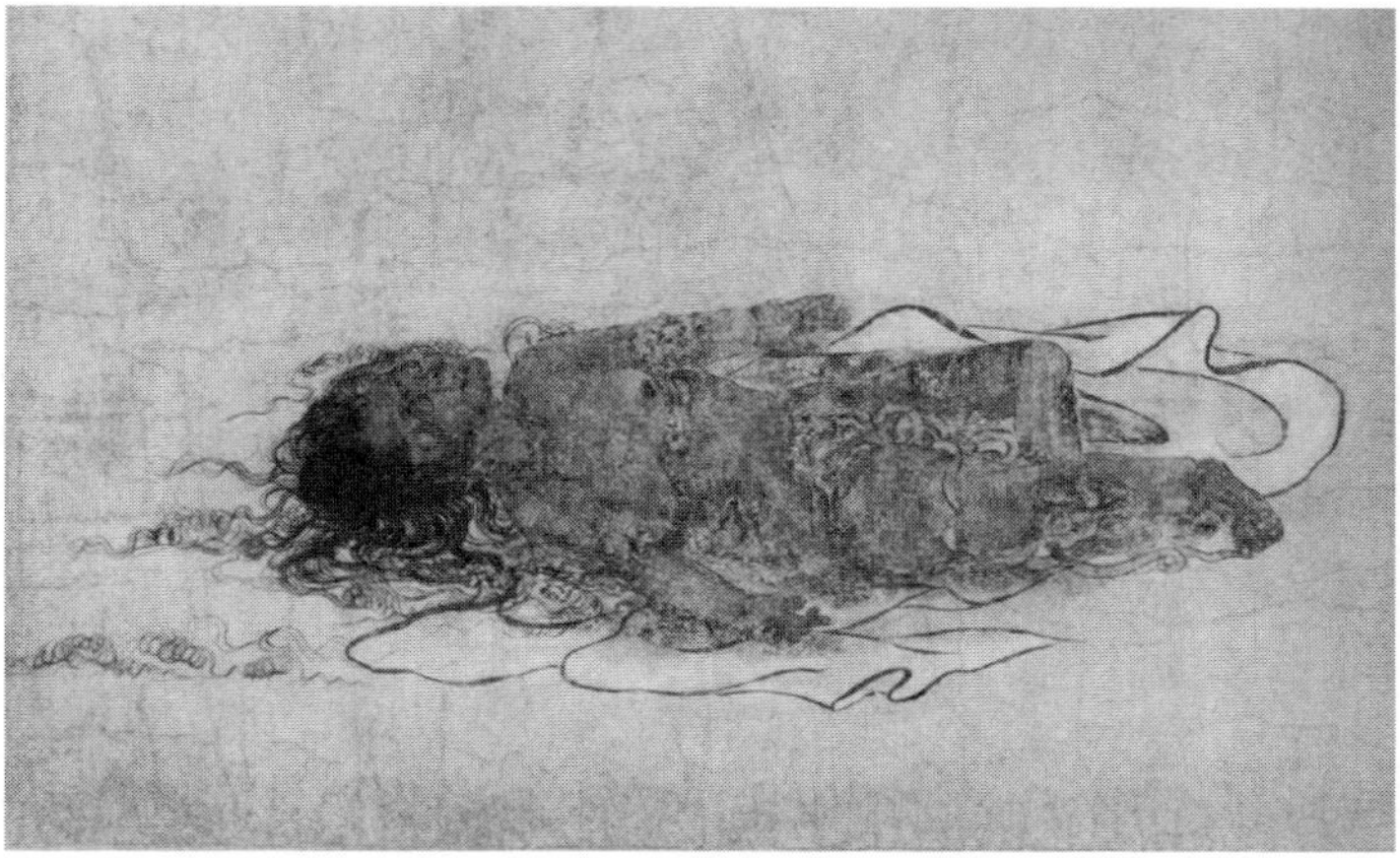

図 2－3　「九相詩絵巻」より（『日本絵巻大成７　九相詩絵巻』中央公論社、1977年、115頁）

いつくものがありません。たとえば死人がたくさん出てくる絵ということであれば、地獄絵や六道絵と呼ばれる種類の絵画があります。そこには地蔵菩薩や阿弥陀如来が登場しますが、彼らは死をもたらすものではなくて、むしろ死や地獄の苦しみから救ってくれる仏です。

もっとも、地獄であれば閻魔様がつきものです。死をもたらしたり、死者を導く神ではありませんが、死者の生前の行いを裁き、死者の進むべき道を決定すると言われます。閻魔は仏教の中の神の一人ですが、もともとはインドの宗教であるヒンドゥー教や、さらに古い時代のいわゆるバラモン教の神に由来します。これについては後でふれます。

地獄絵などに見られるように、日本人ははっきりした死者のイメージを持っていました。しかもそれをきわめて写実的に表現してきました。図２－３は鎌倉時代の「九相詩絵巻」という絵巻物の中に出てくる絵です。死体が地面に横たわっています。これは九つの場面からなる絵巻物の四番目で、はじめはうら若き女性がやはり横たわっています。寝ているのではなくて、死んだ直後の姿です。

順番に見ていくと、何の絵かわかります。死体となって腐乱していく様子が克明に表現されているのです。体が膨れて弾け、中から血や膿が出てきて目玉は落ち、ある程度日が経つとしぼむようです。動物が肉などを食べに来る場面もあります。最後は骨も砕けて土に還っていきます。これを九つの段階に分けて描いているので「九相詩絵巻」と呼ばれるのです。このように日本人は死体に関する非常にリアルなイメージを持ち、それを表現してきました。しかし、それはあくまでも死体のイメージであって、死をつかさどる神、死をもたらす神というイメージは日本人にはありませんでした。

三　インド仏教と死のイメージ

苦行する釈迦

それではインドではどうだったでしょう。まず仏教から見ていきましょう。基本的にインドでは、死体や死につつあるようなものを表現することは一般的ではないようです。図２－４は、よく知られた苦行する釈迦像です。釈迦が悟りを開く前に苦行を重ね、ついに骨と皮だけになってしまったところを表現したと考えられています。ガンダーラの仏像としてしばしば紹介されています。そのためインドでもこのような苦行をする釈迦像があるような気がするかもしれませんが、インドでは釈迦の苦行像の作例はまったくありません。ガンダーラというのはインドではなく、現在のパキスタンとアフガニスタンにあたります。インドから見れば周辺地域になります。ガンダーラからもこのような釈迦苦行像は、わずかに二例程度が知られているにす

図２－４　釈迦苦行像（ラホール博物館）

ぎません。

なぜインドには釈迦の苦行像がないかというと、釈迦の身体が痩せ衰えて、死につつあるような姿、死と向かい合わせとなっているような姿を、インドの人は表現するのを好まなかったからと言われています。逆の言い方をすれば、釈迦の身体というのは完全な形をそなえていなければならず、それが衰弱や死というような、不完全なもの、不浄なものと同居するようなことがあっては困るわけです。

そもそもインドでは、釈迦の時代から数百年間は仏像は造られませんでした。そのあいだ、釈迦はシンボルで表されました。象徴的表現と言います。法輪、足跡、菩提樹、仏塔などが釈迦のかわりに登場します。場合によっては何もなく、透明人間のように上に傘蓋だけが浮かんでいるものもあります。釈迦というのは完全な身体をそなえていなければいけない、少しでも欠けたところがあってはいけないという意識が強かったためです。

はじめて仏像が誕生したのは紀元一、二世紀の頃と言われています。苦行する釈迦像の出土したガンダーラも仏像が誕生した地域のひとつです。この時代のインドはクシャン朝という王朝ですが、これはインド人ではなく、インドの西北の異民族が建てた王朝です。外的な圧力によってはじめて仏像を、つまり釈迦を人間の姿として表現することが可能になったわけです。

それでも抵抗があったので、彼らは約束事を作りました。日本の仏像でもそうですが、たとえば頭髪が螺髪といって丸い小さなかたまりになっていたり、白毫といって眉間のあいだに盛り上がったところがあります。これらはすべてふつうの人間にはなく、仏陀のみが持っている特別な身体的な特徴です。そういうものが三二あるということで、三十二相と呼ばれます。実際は、内容が先にあって三二にまとめられたのではなくて、三二という数が重要で、その内容は文献によって少しずつ違っています。ただし、今あげた螺髪や白毫は三十二相の代表的なもので、ほとんどの文献に現れます。そのようないわば約束を守ることを条件に、人間の体として表すことが可能になったのです。

涅槃図

釈迦が人間として表現されるようになって、それでは死に関わる場面というのはどこにあるかといえば、当然、釈迦自身の死が頭に浮かびます。これは涅槃と呼ばれます。ただし、釈迦の生涯の中で死や死者と関係するのは涅槃だけではなくて、たとえば有名な四門出遊というエピソードにも死者が出てきます。ただしインドではこの場面を表した作品はなく、ガンダーラでもわずかに一例知られているだけです。やはり、死に関わる図像としては涅槃が圧倒的に重要なのです。

釈迦が涅槃に入ったときの話はよく知られています。釈迦が横たわって、まわりに嘆き悲しむ人々を描いた絵のイメージが浮かびます。一般に「涅槃図」と呼ばれています。ただし、涅槃に関わるシーンはこれだけではなく、その前後にいろいろな物語があります。後世の日本では八つの代表的なシーンをまとめて「涅槃八相図」というものも現れました。有名なものに、涅槃に間に合わなかった弟子のマハーカッサパ（摩訶迦葉）が釈迦の両足に触れ、それまで荼毘の火がつかなかった遺体にようやく火がついた場面や、荼毘の後に釈迦の遺骨である舎利を、バラモンが八人の王族に分けた分舎利などがあります。この分舎利の後に各地に建てられたのが、ストゥーパという建造物です。

この中で死者としての釈迦の姿が出てくるのは、狭い意味での涅槃図だけです。納棺の場面でも当然、釈迦はいるはずなのですが、棺の中に入っているので、釈迦は見えません。涅槃図の釈迦というのは、ほぼ形式が決まっています。右脇を下にして横たわる姿です。仰向けには寝ないで、横向きに寝ている姿で表されます。

この涅槃図の釈迦の姿が何に由来するかについては、いろいろな説がありますが、有力なもののひとつにヘレニズムの起源という説があります。ガンダーラの美術はヘレニズム、つまりギリシャやローマなどの西方世界から影響を受けた美術ですが、そこに石棺の浮彫彫刻があります。石棺つまり棺ですから、全体は縦長で、その蓋の部分に横たわっている人物が浮彫りになっています。これは中の死者の姿だと言われていますが、死体そのものではなく、生前の姿です。なぜ横たわっているかというと、食事をとっているからです。ギリシャ・ローマ世界では、身分の高い人は坐って食事をせず、長椅子のようなものに横になってとっていました。食事をしているのですから、仰向けではなく横向きになるわけです。このような石棺彫刻を「死者の饗宴」と言います。おそらくこの形式を、ガンダーラにおいて涅槃図の釈迦に取り入れたのでしょう。後にそれがインドにも伝わりますし、中国をはじめアジアの各地に伝わって、日本の涅槃図もほぼ同じような姿をとることになります。釈迦の死の姿は、高貴な人の生前の姿がモデルになっているわけです。もっとも、石棺彫刻ですから、死とまったく無関係というわけではありませんが。

嘆き悲しむ人々

ガンダーラの工人たちが関心を持ち、細心の注意を払っているのは、この釈迦自身よりもむしろ周囲の人物です。つまり死を表現するのは死者だけではなくて死者の周囲の人物、具体的には死を悲しむ人々、哀悼している人々、あるいは動転している人々、このような人たちに対して、ガンダーラの彫刻家たちは重大な関心を払っています。定型化された死者への無関心と、その裏返しである周囲の人物への共感とでも言えるでしょう。図２－５

図2－5　釈迦涅槃図（ガンダーラ出土、ヴィクトリア&アルバート博物館）

はそのような作品のひとつです。

釈迦の後ろには嘆き悲しんでいる人たちの姿が見えます。それぞれが思い思いの姿で悲しみを表しています。それから釈迦の足元に、左手を地面につけ、右手を頭の上にまわして坐りこんでいる人物がいます。これは執金剛神とか金剛力士と呼ばれる人物で、釈迦の一種のボディガードです。われわれのよく知っている名前で言えば、仁王にあたります。彼も悲嘆にくれているのです。

釈迦の寝ている台の手前には、何か場違いな人がいます。まわりの人物たちが皆悲しんでいるのに一人だけ坐禅を組んでいるかのように坐っています。これはスバドラ（須跋）

という人物で、釈迦が涅槃に入る直前にその教えを聞いて悟ったと言われています。作品の向かって右上に植物が生えています。これは有名な沙羅双樹です。『平家物語』の冒頭に出てくるので、日本人のあいだでもよく知られています。この沙羅の木の中で女性が布を手にして泣いています。これは樹の女神で、哀悼の意を表したということが経典に書かれています。

この作品には登場しませんが、ひっくり返っている人が描かれることがあります。それは、釈迦のお付きの人であったアーナンダ（阿難）です。なぜひっくり返っているかというと、アーナンダはこの時点ではまだ阿羅漢に達していない、つまりまだ悟っていなかったため、釈迦の死に気が動転して見苦しい様を見せているというわけです。

このように釈迦の死は、釈迦の死そのものよりも、そのときの物語を表現することに、ガンダーラの人たちは関心を向けていたようです。釈迦の死を悼み、嘆き悲しむ人々をドラマティックに表現することで、釈迦の死がいかに重大な出来事であったかを示したかったのでしょう。その一方で、釈迦の死はほとんど決まった形式で表現されています。

説話性から定型化へ

インドに入ると、このような比重が逆転します。つまり、釈迦の死にまつわるさまざま

図２－６　降魔成道を中心とする釈迦八相図（コルカタ・インド博物館）

なエピソードや周囲の人物への関心がだんだん薄れ、逆に定型化された釈迦のみが残ることになります。その最終的な段階にある作品が図２－６です。中央の大きな仏像の頭上に、横たわっている人物が小さく表現されています。さらによく見るとその後ろにストゥーパも置かれています。ガンダーラの工人たちが細心の注意を払って描いた周囲の人物たちは、ほとんど姿を消してしまっています。ドラマティックに表現されたガンダーラの涅槃図から、定型化された釈迦のみを取り出して、それをあたかもシンボルのように扱っているようにも見えます。先ほど、象徴的な表現というところで、最初期の仏教美術では釈迦そのものではなくシンボルで表現されたと述べましたが、ここでは釈迦の姿そのものが、涅槃を表すシンボルのように用いられています。

ちなみに、この作品は釈迦の生涯の八つの重要な場面を表したものです。先ほどは涅槃の八相にふれましたが、これは釈迦の生涯の八相図です。中央にいるのは悟りを開いたときの釈迦で、降魔成道と呼ばれます。そのほか、誕生や初転法輪のシーンなどが含まれます。この作品が作られた一〇世紀頃のインドでは、釈迦の生涯を表した図像は、このように重要な八つのシーンのみが取り出され、決まった形式で表されます。ドラマ性の消失とシンボル化は、涅槃図だけではないのです。

四　世界を表現する

ストゥーパ

図２－６の涅槃のシーンの後ろにあるストゥーパは、釈迦の舎利を納めた建造物です。図２－７はサーンチーというところにあるストゥーパです。非常に巨大な半球形の建造物

図 2−7　ストゥーパ（サーンチー第三塔）

で、紀元前二世紀頃に造られたと言われています。伝説では釈迦が亡くなったときに各地に建てられたと言われていますが、ストゥーパそのものはもっと昔からあったようです。それが釈迦の涅槃の象徴として、仏教徒の中で受け継がれていったということになります。

それでは、釈迦のものも含めて、ストゥーパというのはいったい何を表現しているのでしょうか。ひとつの解釈ですが、じつはこれは巨大な卵なのです。そしてそれは宇宙そのものを表しています。前章の「自己と宇宙」において、インドでは宇宙というのは自然発生的に展開し、それがブラフマンと同じであるという話をしました。この自己展開する宇宙が、卵としてイメージされているのです。いわば生命の源であり、宇宙そのものをシンボライズしているのがストゥーパなのです。

ストゥーパの半球形の土饅頭のようなものの上に柱が立てられています。上に傘のついた竿のようなもので、傘竿《さんかん》と呼ばれます。この竿の部分は半球形の中を貫き、一番下まで達しているものもあるそうです。これは単なる柱ではなくて、宇宙全体を支える軸のようなものと解釈されています。宇宙軸と呼ばれます。これはインドばかりではなく、世界のいたるところで古代の人々が持っていた宇宙のイメージにも重なります。彼らは世界の中心には巨大な柱や巨大な木が立っていて、地上、地下、天という三つの世界を貫いているのだと考えていました。インドの場合、宇宙の中心にあるのは木よりもむしろ山でした。その山のことを須弥山《しゅみせん》と呼びます。これについても後でふれます。

ストゥーパの土饅頭を掘っていくと、地面と接するところには車輪のように石が並んでいるという報告もあります。これは太陽や天体の運行を象徴しているのではないかという解釈もあります。このようなところからも、宇宙全体のシンボルとしてのストゥーパというものが理解されます。

先ほどの卵の話にも関係するのですが、中に納められた釈迦の骨、つまり舎利は種子と呼ばれることもあります。それに対して半球形の部分、これを覆鉢というのですが、胎とか子宮というように解釈する場合もあります。先ほどの卵のイメージと同じで、胎の中に種子である舎利が埋め込まれることによって生命が誕生するわけです。その生命というのは単なる生命ではなく、宇宙全体としての生命がそこに生じるということです。

豊穣と生命のシンボリズム

ストゥーパの話に戻って、その周囲の装飾についても見てみましょう。図２－８は中から蓮の花が満ちあふれている壺です。「プールナ・ガタ」（満瓶）とインドの言葉で呼ばれる魔法の壺です。蓮のかわりに木が置かれる場合もあります。この木は如意樹と呼ばれ、われわれがほしいものを望みどおりにもたらしてくれる魔法の木です。

図２－９は「口から蓮華蔓草を出すヤクシャ」です。ヤクシャというのは夜叉のことですが、一般大衆に信仰されていた下級の神です。自分の口から蓮の茎や花を出している、見ようによってはグロテスクな図です。図２－10もやはりストゥーパのまわりの装飾のひとつで、マカラと呼ばれる想像上の動物です。海に棲んでいます。

これらの装飾モチーフは、いずれも水に関係しています。蓮が水の中から生えることは言うまでもありませんし、マカラも水生の動物です。壺の中にも水が満ちているから、蓮華や木が生えることができます。これらは単に水に関係するというだけではなくて、水が

図 2－8　満瓶（バールフット出土、コルカタ・インド博物館）

図 2－9　口から蓮華蔓草を出すヤクシャ（バールフット出土、コルカタ・インド博物館）

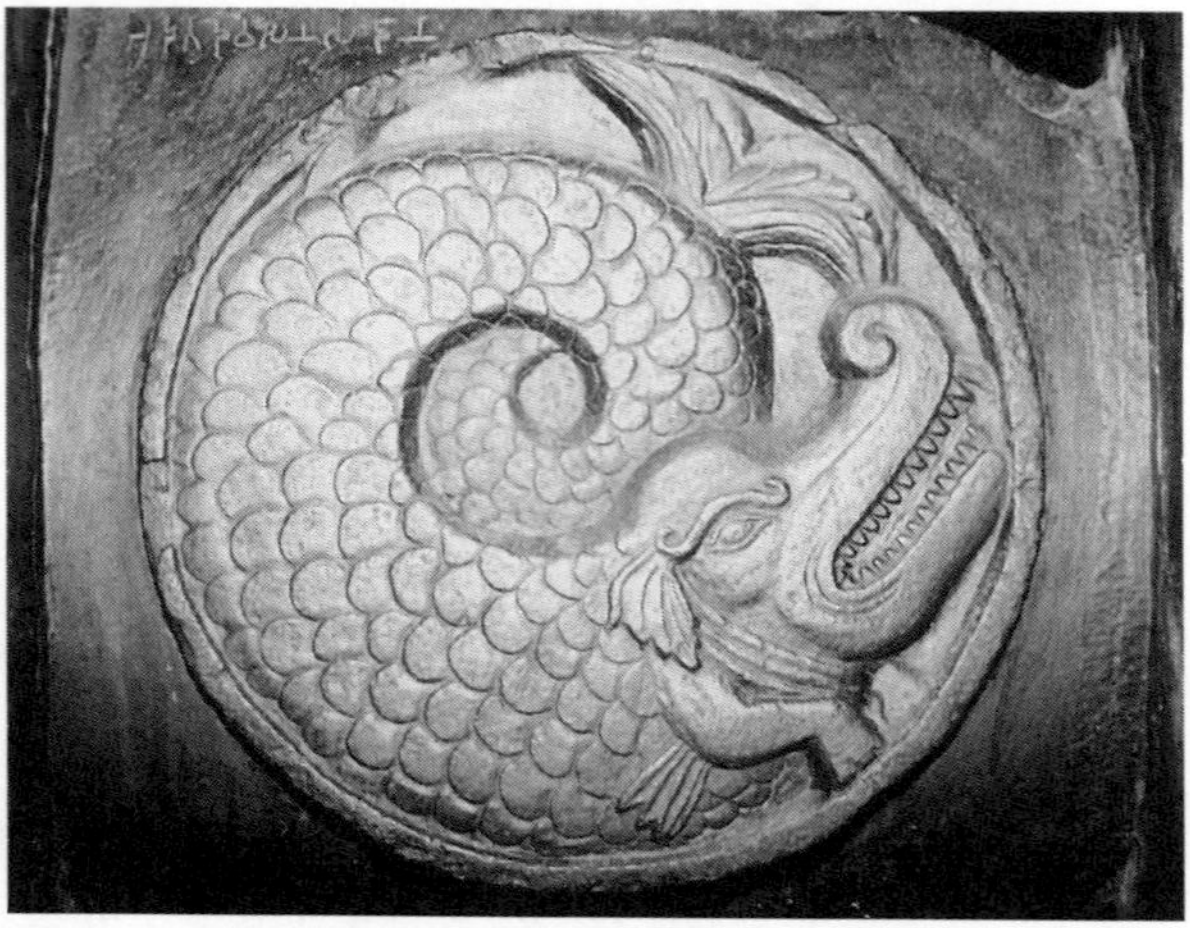

図 2-10 マカラ（バールフット出土、コルカタ・インド博物館）

そなえている生命力を表していると解釈できます。当たり前のことですが、生命というのは水がなければ生きていけませんし、地球上に生命が誕生したのも水の中です。ここではそれが、植物が生い茂る、豊穣や多産を表すイメージで表現されているのです。生命を生み出すこのエネルギーを水が有していることが、これらのモチーフから伝わるのです。

このように、ストゥーパに見られるシンボリズムは、生成し展開する宇宙や、強靭な生命力でした。しかし、仏教においてはストゥーパは釈迦の死の象徴として造られました。生と死が同居しているわけです。これは、われわれの感覚からすれば奇妙に感じられるかもしれません。死とは生の裏返しであり、生が失われたことが死であると理解しているからです。しかし、ストゥーパを釈迦の涅槃の象徴として建造したインドの人々にとって、生と死の関係はこのような表と裏のような単純なものではないようです。釈迦の死である涅槃は、輪廻の中で繰り返されるわれわれの死とはレベルの異なる、超越的な死、いわば「大いなる死」であったはずです。それは宇宙全体の誕生や消滅というサイクルにも重ね合わせられる出来事だったのです。

インドの宇宙論

それでは、インドの人々は宇宙をどのようにとらえていたのでしょう。先ほど少しふれたように、古代インドの人々は世界を須弥山という巨大な山を中心に考えていました。世界の中心には須弥山があり、われわれはそのまわりに広がる大海の上のひとつの大陸に住んでいます。須弥山の下には地獄があり、須弥山の頂上や山腹、さらにその上の空中には神々の世界が続いています。

仏教ではこの須弥山を中心とした世界をひとつの単位として、さらに増殖させたような形で宇宙を考えていました。須弥山を中心とした基本となる世界を「小世界」と呼んでいます。「小世界」という名前ですが、これだけでわれわれの太陽系に匹敵するような非常に規模の大きいものです。この小世界が一〇〇〇個集まって小千世界というものができます。次にこの小千世界が、さらに一〇〇〇個集まって中千世界というものができあがります。もう一度これを繰り返し、中千世界が一〇〇〇個集まって大千世界というものができあがります。この大千世界のことを三千大千世界とも呼んでいます。小世界が一〇〇〇の三乗つまり一〇億個からなっているからです。経典によってはさらにこれを拡大させて宇宙を説明するものもありますが、基本となるものを増殖させる発想は同じです。

このような宇宙の構造は、宇宙の生成と消滅というサイクルにも関係します。

インドの人々の宇宙観では、この世界は四つのサイクルで繰り返されています。それを壊《え》劫《こう》、空劫《くうこう》、成劫《じょうこう》、住劫《じゅうこう》と言います。順に、世界が破壊されていく時代、何もない時代、世界が形成されていく時代、それから形成された世界が維持されていく時代です。各サイクルはそれぞれ二〇劫ずつ続きます。この劫ひとつだけでも気の遠くなるような時間ですが、それが二〇ずつ四つ、つまり八〇続いてひとつのサイクルが完了するのです。これを一大劫と呼びます。

八〇劫からなる一大劫が基本になって、さらに大きなサイクルができます。それは「小の三災・大の三災」という災いと結びつけられます。小の三災というのは、文字どおり、規模の小さな三つの災いで、それぞれ戦争、疫病、飢饉のことです。住劫の二〇劫のいずれにおいても、三災すべて、あるいはそのうちのひとつが必ず起こると言われます。一方の大の三災というのは火災、水災、風災です。単なる火事や洪水ではなく、宇宙の大半を燃やし尽くしたり、呑み込んだりするような災いです。しかも、火災、水災、風災の順で、あとのものほど規模が大きくなります。大の三災はいずれも壊劫で起こりますが、火災が七回繰り返されたあと、水災が起こります。つまり火災の起こる一大劫が七回続くと、水災が起こる一大劫がくるわけです。しかも、火災のときには燃えずに残る部分があるのですが、水災では被害を受ける範囲は広がります。三つ目の風災はこの水災が七回起こったあとに起こります。もちろんそのあいだには火災も繰り返されています。そして風災の被害の及ぶ範囲はさらに拡大し、最上層を除く宇宙のほとんどの部分がこれによって滅びると言われます。

こうして最も規模の大きい風災が起こって、次の風災までのあいだまでが、宇宙の時間のサイクルになります。そのあいだには六四の大劫があるので、これを「六十四転大劫」と言います。

このように、われわれの生命が生と死の繰り返しによって連なっているように、インドの世界観では宇宙全体も消滅と生成が連続しているわけです。宇宙とはこのような時間のリズムで維持されていると、インドの人々は考えていたのでした。しかもそれは宇宙の構造とも密接に関係しているのです。

五　生と死を内包する神

死の神ヤマ

インドの死の神の話に戻りましょう。インドでは死者を表現することはほとんどありませんでしたが、死をつかさどる神はいました。先ほど名前だけあげた閻魔です。インドの言葉では「ヤマ」と言います。これはヴェーダの時代、つまり三〇〇〇年以上前の時代からインドの人々のあいだで信じられていた神で、死者の王です。南の世界に住んでいます。インドでは死者の世界が南にあると考えられていたからです。ただし、そこはわれわれが知っている地獄のような忌まわしい世界ではなく、死んだものがすべて向かう世界です。仏教に取り入れられてからもヤマと南との結びつきは残り、十方天とか十二天といった場合に南方を守る神として登場します。ただし、われわれがよく知っている帽子を被り、着物を着た閻魔様の姿は、中国のイメージです。インドのヤマは水牛に乗り、手には杖を持って、髭を生やした姿で表現されます（図2－11）。

密教の時代になると、ヤマに関係する仏が出てきます。「ヤマ」の後ろに「アンタカ」という言葉をつけて、ヤマーンタカと呼ばれるものです。アンタカとは文字どおりには「終わりをもたらすもの」、つまり「死をもたらすもの」を意味します。まさに死神にあたる言葉ですが、ヤマの別名として、これもヴェーダ文献の中に見られるようです。密教ではこの二つの名前をつなげて、ひとつの名前にしたのです。中国や日本では大威徳明王と翻訳されて、不動明王などと一緒に五大明王の一人となります（図２－12）。ただし、ヤマーンタカがヤマと関係があるのは明らかで、やはり水牛に乗った姿で表されます。

図２－11　ヤマ（ブヴァネーシュワル市ブラフメーシュワル寺院）

死をもたらす女神、カーリー

以上は男の神ですが、インドにおいてよく知られた死の神は、女神つまり女性の神でした。

図2－12　大威徳明王（奈良・霊山寺）

この女神のことをカーリーと言います。実際はカーラという男性の死の神がいて、その女性形であるカーリーができあがります。そしてカーラよりもはるかに多くの信仰を集め、重要な神となります。「カーラ」というのは時間を意味します。つまり最初にお話ししたヨーロッパと同じように、インドでも死の神とは時の神だったのです

カーリーのイメージについて見ていきましょう。図2－13はカーリーが出てくる神話を描いた絵です。中央に立っているのがカーリーで、すさまじい姿をしています。神話では悪魔とその軍勢を退治するのですが、その説明は次のようになっています。

図 2–13　敵を殺戮するカーリー（ネパール国立古文書館）

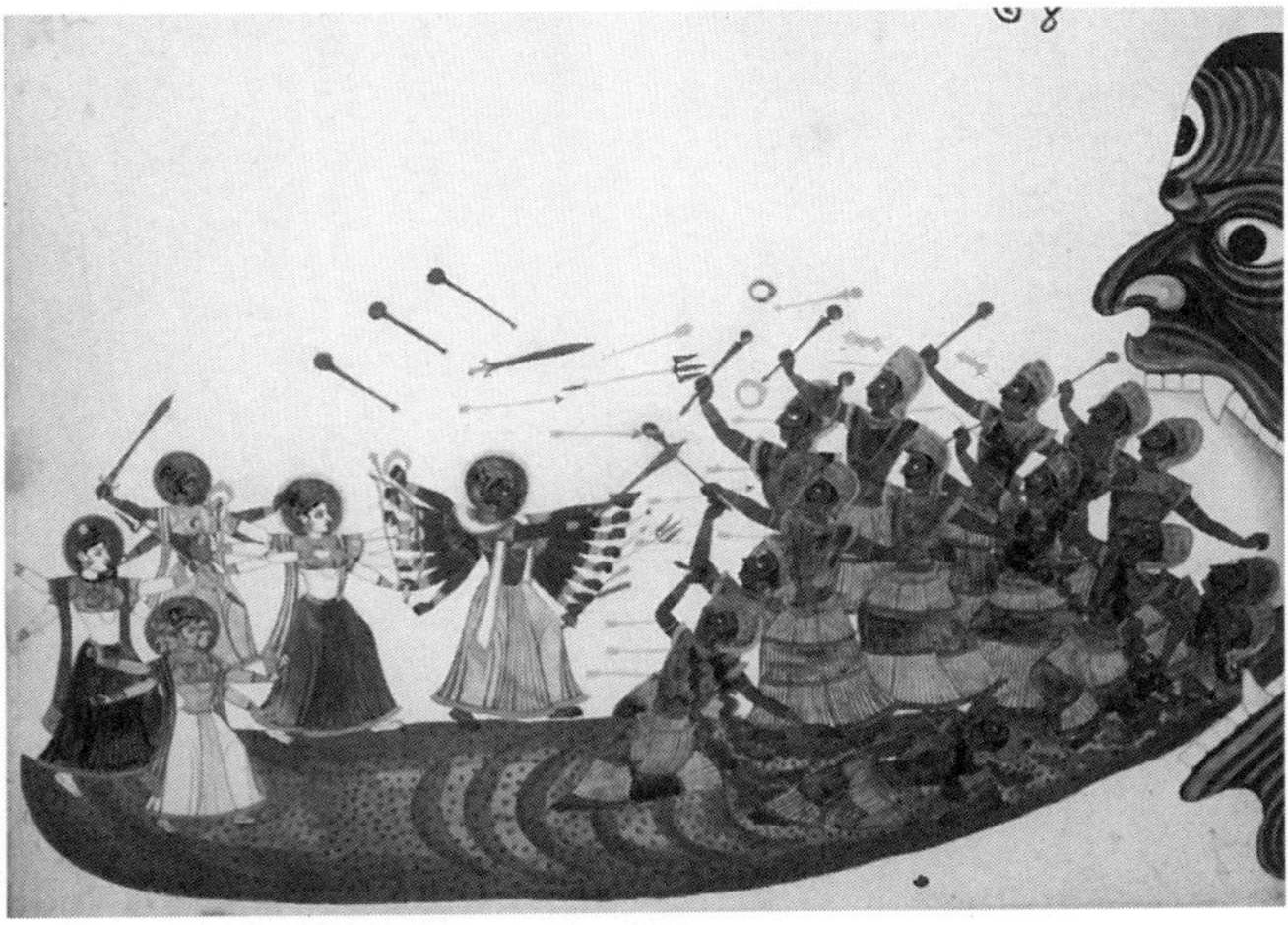

図 2–14　ラクタビージャを呑み込むカーリー（同上）

カーリーは剣と縄を武器とし、頭蓋骨を先端につけた色とりどりの棒を持ち、頭蓋骨の環を肩から掛け、虎の皮を身にまとい、皮ばかりになった身体のゆえに見る人をゾッとさせる。

骨と皮だけの青黒く痩せこけた姿です。ちなみに「カーラ」とは時間という意味のほかに、色の「黒」も意味します。カーリーの身体の色もこの名前のとおりです。さらに続きます。

口を大きく裂き、舌を恐ろしく垂れ下げ、目を血走らせ、天空を叫び声で満たした。この女神は口にくわえ顎でかみ砕いて、敵の軍隊を滅ぼしていった。

このように神話の中では敵を次々と殺戮していくのですが、その中におもしろいエピソードがあります。敵の中にラクタビージャという強力な敵が現れました。この敵は身体を傷つけられて血を流すと、地面に落ちたその血から自分の分身がどんどん現れるのです。つまり殺されれば殺されるほど、自分の分身がクローン人間のように増えていくのです。「ラクタビージャ」とは「血を種とするもの」という意味で、血から増殖していくことをそのまま自分の名前としています。孫悟空が自分の毛で分身をつくるというのがありますが、それよりもさらに強烈です。そこでカーリーがどうしたかというと、血を呑み込んでしまうのです。つまり地面に落ちて増殖する前に、敵から流れ出た血をすべて呑みほすのです。前と同じシリーズの絵でこのシーンを描いたものが図２－14です。同じような人物が画面の中にたくさん並んでいます。増殖するラクタビージャです。それを呑み込むカーリーの大きな口が画面の右端に、そしてそこから大きな長い絨毯のようなものが伸びていますが、これはカーリーの舌です。

図２–15　カーリー

現在のヒンドゥー教ではカーリーは図２－15のように描かれます。首には生首をつないだ輪を掛け、腰には腕を連ねた腰巻きをしています。手に持っているのは悪魔の首と、それを切るために使った刀、そして髑髏で作った椀には血が満たされています。口からは舌を垂らし、さらなる血を求めています。足の下に踏まれているのは、カーリーの夫であるシヴァ神です。シヴァ自身も破壊と殺戮の神ですが、彼女の力はそれをもしのぐことが、ここには表されています。この図はインドの街角で売られているポスターで、自分の家に飾るためにインドの人々はこのグロテスクな姿の死の神を買い求めます。それくらい人気の高い神なのです。

母なる神

カーリーとよく似た神にチャームンダーという女神もいます(図2－16)。二人の神は同一であると考える人々もいます。チャームンダーも恐ろしい神で、天然痘の神であるとも言われています。その姿はやはり痩せこけた骨と皮だけで、顔は骸骨のようで、乳房もひからびています。蠍とともに描かれることもありますが、蠍も天然痘と関係のある動物で、死と結びついています。

カーリーもチャームンダーもどちらも女神です。しかも母神、母なる神と呼ばれています。これは、われわれがいだいている女神とか母なる神とはかけ離れた存在です。われわれが女神や母に求めるイメージは、美や豊穣、包容力、生命力などです。しかし、ここに描かれた女神の姿はその正反対です。死をもたらすものであり、その姿は血や髑髏、死体などで飾られたいわば死のイメージのオンパレードなのですが、このような神がインドにおいては中世以降、絶大な信仰を集めました。

その理由はよくわかりませんが、先ほどの血を呑むということにひとつのヒントがあるような気がします。血というのはいわば生命のシンボルです。それが増殖し、次々と分身をつくるというのは、その生命力が過剰なまでに増え続け、暴走しているような状態です。

図2-16　チャームンダー（ベンガル出土、ニューデリー国立博物館）

それに対して、それを自分の体内に置くことによって、いわば自分の中に内包しコントロールする、秩序を与える、こういう機能をインドの死の神は持っていたのではないかと思います。それは、生と死がバラバラに存在したり、あるいは先ほど述べたように、生の単なる否定が死であるということではなく、その両者が密接に絡み合って、一つの身体の中に共存しているようなイメージではないかと思います。生命を生み出すはずの女神や母神が死の神であるというのは、生と死に対するこのような感覚があるからではないでしょうか。

本章で問題にしたのは、インドにおける死のイメージでした。最初に述べたように、死のイメージというのは、地域や時代、民族、文化などによって大きく異なるものです。初期の仏教美術においては死のイメージというのは表現されない傾向がありました。その大きな理由は、インドの人々が仏に対して持っている美とか完全なものというイメージが、死というものと相容れなかったためでしょう。その中において仏教は涅槃という釈迦の死を重要な出来事として有していたため、比較的早くから死というものを造形表現せざるをえない立場にありました。しかし、その場合の死は輪廻の中で繰り返される死ではなく、いわば大いなる死であったわけです。そして、それはストゥーパという宇宙論的なシンボルによって表現されました。インドにおいては宇宙も生と死のサイクルによって持続し、宇宙の構造も、このサイクルと密接に関わっていました。釈迦の涅槃はこの宇宙論的なサイクルと結びつき、そしてそれをも超越したような死であったわけです。

一方の死をつかさどる神については、古くからヤマのような神はいましたが、実際に大きな信仰を集めたのは女神カーリーでした。その伝統は現在のヒンドゥー教でも生き続けています。カーリーのイメージは血、骨、髑髏、死体、生首という死や不浄なるもので満ちあふれていました。しかもそれをそなえているのが女性であり、母なる神であったのです。それは単に死のイメージだけでできあがった神ではなく、血に象徴される生のエネルギーを内包する、いわば生と死が同居するような形でのイメージでした。それがインドにおける死のイメージの基本となっているのです。

第三章　マンダラの構造と機能

一　マンダラを「もの」として理解する

最近、写真集や展覧会でマンダラを目にする機会が増えてきました。その多くは日本の密教寺院に伝わるマンダラですが、中には遠く海外から運ばれてきたチベットのマンダラなどもあります。「マンダラ」という言葉は知っていても、実際にその細部まで注意深く見たことのある人は、それほど多くはないでしょう。はじめてマンダラを間近に見て、その細部にまで目を向けると、たいていの人はその鮮やかな色づかいと、細密画を思わせる細かな表現に驚かされます。そして、いったいこれは何を表しているのかという疑問がわいてきます。しかし、説明の文章などを読んでも、「仏の世界」「宇宙の真理」といった、およそわれわれの日常とかけ離れた言葉や、「金剛界は智慧を、胎蔵界は慈悲の世界をそれぞれ表し、その両者で金胎不二を示す」という難解な説明が並んでいるばかりです。その結果、マンダラとは「なんだかすごいけれど、よくわからないもの」という印象をいだくだけで終わってしまうことが多いようです。

これはマンダラを絵画として理解しようとするためかもしれません。私たちの知っている仏教絵画の多くは、たとえば「釈迦如来像」や「不動明王像」のような、単独もしくは複数の仏を描いた画像です。そこに描かれている仏たちの種類や姿はさまざまですが、それが何であるかは、作品の名称を見ればたいていわかります。また、仏教絵画の中には、極楽浄土から阿弥陀如来たちがやってくる様子を描いた「来迎図」や、釈迦の臨終の場面を表した「涅槃図」のような、特定の情景を描いた作品もあります。しかし、この場合も、描かれている主題が作品の名称になっています。説明の文章を読めば、さらに作品についての理解は深まるでしょう。

これに対し、マンダラという言葉はサンスクリット語ですから、その本来の意味を知る人はまれです。そこに描かれているとされる「仏の世界」や「宇宙の真理」という説明からは、具体的なイメージをいだくことはできません。「智慧の世界」や「慈悲の世界」も同じことです。

ここでは、マンダラが絵画であることから少し離れて、単なる「もの」として扱うことにします。そして、私たちが「もの」の説明をするように、マンダラを説明することにします。たとえば鉛筆について説明する場合、六角形の細長い木の棒で、中に黒鉛の細い芯が入っていると、その形状や材質を説明するでしょう。しかし、それでは不十分です。むしろ手に持って文字や絵などを描く筆記具であると言わなければ、それが何であるかを説明したことにはなりません。何のために用いられ、どのような働きがあるのかは、「もの」を説明するときの重要な情報なのです。

これにならって、マンダラについてもその形態や構造、機能などについて、順に述べていくことにします。

二　構　造

内陣・楼閣・外周部

マンダラを見ると、円と正方形でできた幾何学的な形態に強い印象を受けます。全体から細部にいたるまでほとんどが直線や円で構成されていて、これらの線によってできた区画に、仏たちの姿が整然と描かれています。いびつな円やゆがんだ線などはまったく見られません（図3－1）。

マンダラの形態や構造を説明するために、マンダラの全体を三つに分けることにします。

図3－1　五護陀羅尼マンダラ（「ゴル寺の曼荼羅集」部分、個人蔵）

この場合のマンダラは、チベット仏教が伝えるマンダラです。日本のマンダラもチベットのマンダラも、基本的には同じ構造をしていますが、チベットのマンダラで一番外側にあたる円の部分は、日本のマンダラには含まれません。三つの部分とは、この一番外の円の部分とその中に含まれる正方形、そして、さらにその内部で、仏たちを描いた部分です。順に外周部、楼閣、内陣と呼ぶことにします（図3－2）。楼閣とは宮殿や都城のことで、内部空間よりも、この部分が仏たちの住む建造物に相当します。内陣はその内部ですが、そこに住む仏たちそのものにむしろ重点を置くことにします。

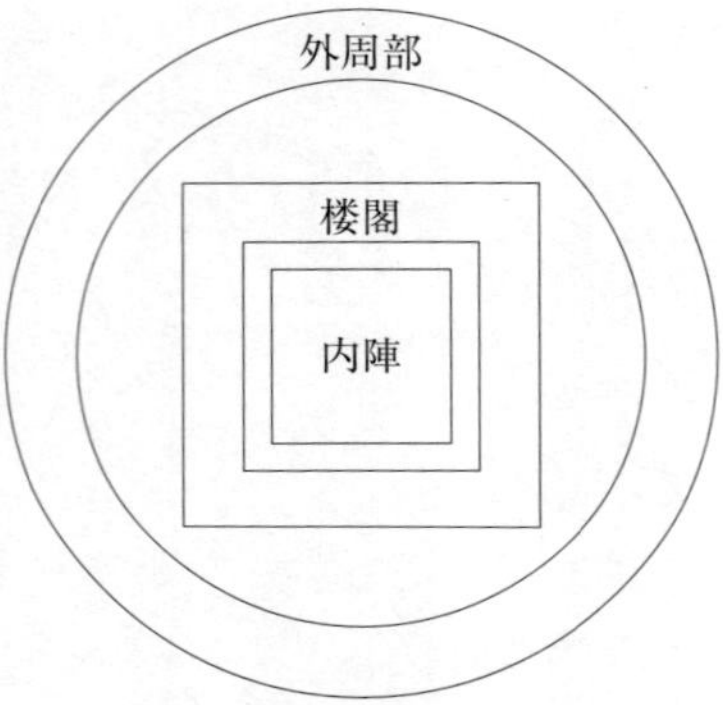

図3－2　マンダラを構成する三つの部分

仏の居城・楼閣

まずはじめに楼閣について見てみましょう（図3－3）。

建造物すなわち家などの構造を表すために、われわれは平面の見取り図（間取り図）をよく用います。不動産の広告やインテリアの雑誌などで目にするもので、これによって家の中にいくつ部屋があり、それぞれがどのような形や大きさであるかがわかります。家というのは立体的な構造物なのですから、平面図だけでは全体像はわからないのですが、最も重要な情報として、このような平面図が示されます。そして外観の写真や絵を添えることで、見る人に全体のイメージを伝えます。実際の建物を建てるときには、平面図だけではなく、すべての方角から見た側面図（立面図）が作られます。そして、このようないわゆる設計図にもとづいて、建築作業が進められます。

しかし、建物の実際の外観を示す側面図に対して、平面図は建物の平面を「ありのままの姿」で表したものではありません。平面図は基本的に建物を上から下に向かって見たものですが、建物には屋根や天井がありますし、部屋や部屋を仕切る壁や建具があります。できあがった建物のどこに視点を置いても、平面図のような姿で家をとらえることができないのです。

絵というものが、実際に見えるものをありのままに描いたものであるとすれば、マンダラの楼閣の部分は絵ではなく、このような設計図と言った方がいいでしょう。しかし、絵とはかならずしも見えるものだけを描いたものではありません。たとえば、小さな子どもが描く絵には、このようなマンダラの表現方法に通じるものがしばしば認められます。家や乗物などを描く子どもは、建物や乗物の枠だけを描き、さらにその内部にいる人物や物体も描くことがあります。外からは見えないはずの人物などが「見えて」いるのです。まるで壁が透明な板でできているかのようです。また、建物の側面や背面のように、正面からは見ることのできない部分を正面に続けて描くこともよくあります。おとなであれば、遠近法（厳密に言えば消失点を持つ線遠近法）を用いて立体的な表現をとるところですが、そのような「約束事」を知らない子どもは、展開図のような方法をとるのです。

マンダラに描かれている楼閣も、このような一種の展開図で表現されています。楼閣の全体は正方形で囲まれ、その内側にもひとまわり小さな正方形があります。そして、二つの正方形にはさまれた部分は、六つの層に分かれています（図3－3、①～⑥）。これは楼閣の外壁にあたり、その外側がこれらの六つの層で構成されていることを表します。①から⑥の順に下から上に積み重ねられているのです。つまり、この部分は楼閣の側面図にあたりますが、マンダラの中心から外という水平の方向が、実際の建物の下から上という垂直構造に対応しています。しかも、楼閣の四方はすべて同じ状態で表現されていますから、建物の四方の側面図をつなげたように描いていることになります。

楼閣の各辺の中央には複雑な図形が描かれています。これは楼閣の門の部分を表します（図3－3、⑩～⑭）。ここも展開図の方法がとられていて、凸の字を逆さにしたような図形を中にしたいくつもの線は、門やその周囲の構造を示しています。たとえば、⑭は門の天井

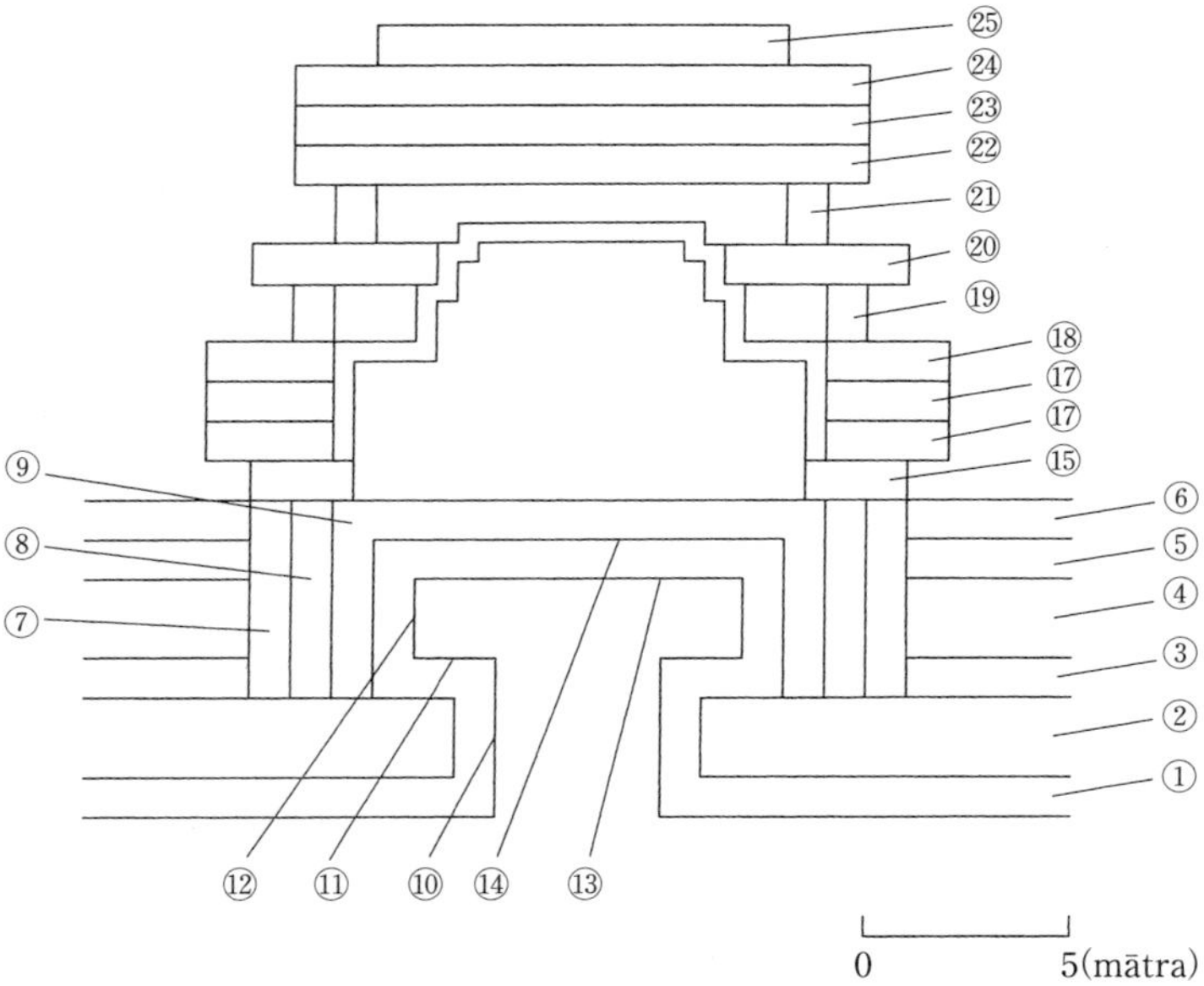

外壁部

①　ラジャス
②　ヴェーディー
③　宝石
④　瓔珞半瓔珞
⑤　バクリー
⑥　外廊
⑦　アンチャラ

門とその周辺

⑧　トーラナの柱
⑨　中間部
⑩　扉
⑪　カポーラ
⑫　パクシャ
⑬　シリースーチャカ
⑭　スカンダ

トーラナ

⑮　金
⑯　バクリー
⑰　宝石
⑱　ひづめ
⑲　闇
⑳　ヴァランダ
㉑　闇
㉒　バクリー
㉓　宝石
㉔　ひづめ
㉕　外廊

図 3－3　楼閣の壁、門、トーラナ

を、⑩は門の扉を表していることが、その名称から知ることができます。門の扉は各辺とも左右に二枚ずつあるのですが、壁に対して垂直に置かれていることから、いわゆる観音開きの戸が開いた状態であることがわかります。⑦の部分は門ではなく外壁の一部で、③から⑥の部分に垂直に接しています。外壁はここで終わり、⑦がその側面の壁の厚みをおそらく示しています。

⑦とまったく同じ大きさである⑧は、壁や門には含まれず、その外側で、楼閣の四方に描かれたトーラナの一部になります。トーラナは神社の鳥居を複雑にしたような形のアーチで、建物のすぐ外に置かれています。インドの初期の仏教美術を伝えるサーンチーやバールフットなどのストゥーパのまわりに置かれたものが、よく知られています。このトーラナも外壁と同じように、中心に近い方が下、遠い方が上となり、⑮から㉕の一一の水平の層が重なっています。⑮の下に伸びる⑧の部分は、トーラナの柱と呼ばれ、その名のとおり、⑮から上の部分を支えています。このアーチの下をくぐって、楼閣の入口に入ることができるのです。

トーラナの中心の部分は空白となっていますが、ここには連珠の飾りやカーテンのような布が吊り下げられます（図３－４）。豪華な装飾が施されていることがわかりますが、同じように、外壁の層の中にもさまざまな装飾が見られます。図３－３の③は宝石と呼ばれる

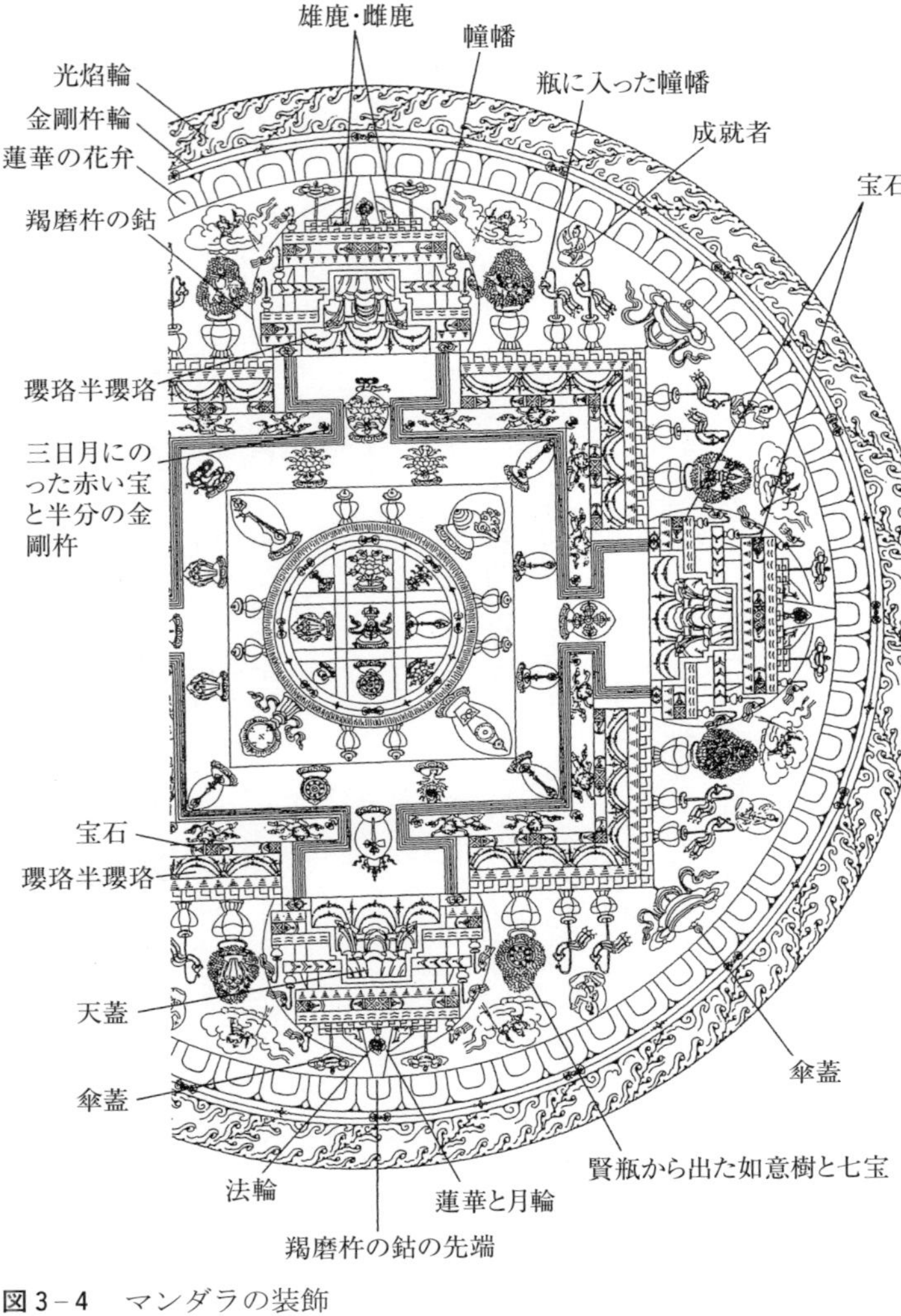
雄鹿・雌鹿
幢幡
光焔輪
瓶に入った幢幡
金剛杵輪
成就者
蓮華の花弁
宝石
羯磨杵の鈷
瓔珞半瓔珞
三日月にのった赤い宝と半分の金剛杵
宝石
瓔珞半瓔珞
天蓋
傘蓋
傘蓋
賢瓶から出た如意樹と七宝
法輪
蓮華と月輪
羯磨杵の鈷の先端

図3－4　マンダラの装飾

部分で、実際に宝を敷き詰めたように描きます。その上の④は瓔珞と呼ばれる連珠が吊り下げられます。さらに、楼閣の外側には宝の壺や、さまざまな吉祥なシンボルがところせましと並べられます。もちろん、この部分も展開図のルールに従っていますから壁の外に描かれていますが、実際は楼閣の屋根の上に載っていることになります。仏の居城である楼閣は、贅を尽くした豪華絢爛な宮殿なのです。

外周部は宇宙の姿

それではなぜ仏たちの住む住居が、豪華な宮殿の形をしているのでしょうか。それを説明するためには、楼閣のまわりを取り囲む外周部にも目を向けなければなりません。

マンダラの外周部は四重の同心円からなり、三つの帯に分かれています。外側から光焔輪、金剛杵輪、蓮華の花弁と呼ばれています。実際に光焔輪の部分には燃えさかる炎が、金剛杵輪には等間隔に置かれた金剛杵が、そして蓮華の花弁にはたいていの場合、六四枚の蓮弁が描かれています。これらの三つの部分は、仏教の説く宇宙の構造を反映しています。

仏教の宇宙論すなわちコスモロジーの基本となっているのは、前章でも取り上げた須弥山と呼ばれる巨大な山です。須弥山はさいころを二つ上下に重ねた形の縦長の直方体で、世界の中心にそびえていると考えられていました。この須弥山を中心に山脈と大海が広がり、地下には地獄が、地上から空中にかけては神々の世界が広がっています。われわれ人間がいるのは、須弥山の南方の大海に浮かぶ大陸です。須弥山の頂上には神々の王である帝釈天の居城が置かれ、帝釈天を含む三三の神々が君臨していることから、三十三天と呼ばれています。マンダラの楼閣のモデルになっているのは、この須弥山上の帝釈天の城なのですが、それについてはまた後でふれます。

三十三天の上空にも神々の世界が幾重にも続いています。ここには梵天などの神々が住んでいると考えられています。おもしろいことに、このような天界は、上に行くほど巨大化し、しかも、各層の間隔もどんどん開いていきます。上に行くほどそこに住む神のレベルも上昇し、それに見合うような空間的な広がりをそなえているからです。

須弥山を中心とした世界は想像上の産物ですが、インドにおける聖なる世界を表しています。そのため、その構造は雑然としていたり、いびつであることはけっしてありません。須弥山を真上から見ると正方形をしており、その周囲に広がる山脈もきれいに正方形を描いています。世界全体を鉄囲山《てっちせん》という鉄でできた山脈が取り囲み、大海の水があふれないように防波堤の役割を果たしていますが、これも円です。聖なる世界とは秩序化された空間であり、それゆえ「コスモス」と呼ぶことができるのです。シンメトリカルな構造は、このようなコスモスの基本的な特徴となっています。

須弥山を中心としたコスモロジーは、仏教に限らず、インドで広く見られるものですが、仏教徒たちはこれを基本にして、さらに複雑な宇宙観を発展させていきました。その代表的なものが『華厳経』などに説かれる「蓮華蔵世界」です。宇宙全体が巨大な蓮華でできており、その中に無数の須弥山世界が含まれているという考えです。伝統的な須弥山を中心とした宇宙をひとつの単位のように扱い、無限の須弥山世界を内包する蓮華で宇宙をイメージしたものです。蓮華すなわち蓮の花は、インドでは生命や豊穣と結びついた代表的な植物でした。宇宙全体をひとつの生命体としてとらえているのです。

マンダラの外周部に描かれた蓮華は、このような宇宙全体に匹敵する蓮の花の花弁を表しています。宇宙と同じ大きさの蓮華なので、その花弁の数も無数なのですが、六四という聖なる数にしています。マンダラで蓮華の花弁の外側に描かれている金剛杵輪と光焔輪は、この蓮華の世界を包み込むような「バリア」に相当します。金剛杵輪は金剛杵を編んで作ったような網でイメージされ、その外側は光と炎によって覆われています。宇宙全体を包み込んでいるのですから、おそらく球体をしていたと思いますが、それをそのまま描いたのでは、その内部を見ることができません。中心の部分で水平に輪切りにして、その切り口だけを蓮弁の外側に描いたことになりますが、内部を透視できるように描いていると言うこともできます。

蓮弁の内側は楼閣が置かれる空間ですが、この部分にも蓮の花が関係します。蓮の花びらの内側にはいわゆる「ハチス」があります。「蓮華蔵世界」ではこのハチスの部分は「金剛地」という名称を持ち、金剛でできていると考えられました。マンダラの場合も楼閣がそびえる大地は同じように「金剛地」と呼ばれ、実際に無数の金剛杵が、ちょうど原子のように結びついてできあがっていると説明されます。マンダラでは無数の金剛杵を表すかわりに、十字に金剛杵を組み合わせた羯磨杵を楼閣の下に描きます。羯磨杵とは文字どおりには、すべての方角に先端を持つ金剛杵という意味です。羯磨杵の大部分は楼閣の下に隠れていますが、四方のトーラナのまわりにその一部を見ることができます。蓮華を主要なモティーフとした宇宙の姿は、外周部だけではなく、楼閣にまで及んでいることになります。

三　王としての仏

法によって世界を支配

須弥山世界であれば、須弥山の山頂に居城を構えるのは神々の王である帝釈天ですが、マンダラの場合は仏になります。マンダラには多くの場合、複数の仏が描かれます。日本の密教で代表的なマンダラである金剛界マンダラでは、中心に大日如来が置かれ、その四方の東南西北に、阿閦、宝生、阿弥陀、不空成就が位置します。これらの四尊の仏は、それぞれの方角にある仏国土をつかさどる仏たちですが、マンダラでは全員が大日の居城に集合したように描かれます。蓮華蔵世界に含まれる無限の仏国土とそれを支配する仏たちを、四方の四仏で代表させているのです。そして、大地を形成する無数の金剛杵をひとつの巨大な羯磨杵で表したように、無数の須弥山世界にある無数の楼閣も、ただひとつの楼閣としてマンダラに描かれます。

この楼閣の中央に位置する仏——金剛界マンダラであれば大日如来——は、それ以外の仏たちと同格ではありません。宇宙全体の根源的な存在ともいうべき仏です。四方の仏たちも、それ以外の無数の仏たちも、この中心の仏が姿を変えて現れたにすぎません。いわば、宇宙全体の統轄者であり、支配者でもあるのですが、武力によって支配するのではなく、法すなわち仏教の教えによって支配するのです。

仏が法によって世界を支配するという考え方は、仏教では成立当初より認められます。釈迦の物語によれば、その出生前後に将来を占ったところ、俗世にとどまれば理想的な帝王である転輪聖王となり、出家すれば仏陀となると釈迦は予言されます。これは、武力や権力によって世界を支配する転輪聖王のイメージを、法によって支配者となる仏陀に重ね合わせたと見ることができます。仏を王と結びつけるのは、仏教徒たちの巧みなイメージ戦略だったのです。無数の世界を想定する蓮華蔵世界のような大乗仏教のコスモロジーでは、それぞれの世界に転輪聖王と仏陀が、かならずセットで出現するというルールもありました。

神々の王である帝釈天の居城が、世界を法によって支配する仏の楼閣のモデルとなっている背景には、仏教徒たちが伝統的に持っていた〈王＝仏〉という図式があったと考えられます。

すべて中心を向く仏

マンダラの仏たちを納める楼閣の内部、すなわち内陣についても、これまでの部分と同じような説明が可能です。宮殿の内部なのですから、本来は外からは見ることができませんが、天井や屋根のない状態で描かれています。内部の平面図の中に仏たちの姿だけを加えたと言うこともできます。金剛界マンダラなどでは、内陣の中に井桁のしきりがあって、仏たちはそれぞれ小部屋にいるように描かれています。この井桁の線は、実際は楼閣内部の柱を表し、本来は垂直に立っているものです。外壁やトーラナと同じように、垂直の構造物が平面に表されているのです。なお、楼閣の内部には視界をさえぎるような壁や扉はなかったようです。

内陣に整然と配される仏たちは、日本のマンダラとチベットのマンダラとでは、描かれる向きが違います。日本のマンダラでは、すべて上に頭を向けた状態で並んでいるのに対し、チベットでは中尊の下の仏は頭を下に、左右の仏たちはそれぞれ中尊と反対側に頭を向けています（図3－5）。つまり、中尊から外に向かって広がったような状態になっているのです。ただし、壁画として描かれたマンダラなどの場合、チベットでも日本と同じように天地が一定の向きになったものもあります。

チベットのマンダラに一般に見られるこのような独特の配置法は、一見すると不自然な感じがしますが、じつはこちらの方が、マンダラの描き方としては理にかなっています。もともと、インドではマンダラは地面の上に描かれることが一般的でした。垂直に表現するときには、仏たちも頭を上に向けないと違和感がありますが、水平であるならば、どちらを向いていても、実際の向きに一致することはありません。これは楼閣の外壁などでも同様でした。そのために上下の関係を、平面上では中心から外へという方向に置き換えることができたのです。仏たちもこれと同じで、マンダラの中心、つまり中尊に近い方が下、外が上になるので、頭が中尊と反対の方向に向きます。しかし、その場合、楼閣の外壁な

図 3－5　仏頂尊勝マンダラ（「ゴル寺の曼荼羅集」部分、個人蔵）

ど大きく違う点がひとつあります。楼閣のような構造物の場合、マンダラに描かれていたのは、外から見た側面図でした。これに対して、仏たちは、マンダラの中央から見た姿が表されているのです。マンダラに含まれる仏たちは、すべて中央の仏の方を向き、これをそのまま後ろ向きに倒したような状態で描いていることになります。幾重にも花びらを重ねた花が、その花弁を開いたようなイメージでとらえられるかもしれません。花弁の内側には仏たちの姿が描かれているのです。

仏に満たされた容器

マンダラがこのように描かれるのは、マンダラを瞑想する実践方法に関係します。マンダラは実際に描くだけではなく、瞑想の対象としても重要でした。むしろ、仏たちの世界を瞑想するときに、その見取り図として用いられたのがマンダラであると言った方がよいでしょう。瞑想上のマンダラの方が、実際に形として表現されたマンダラよりも重要であったのです。

マンダラを瞑想する行者は、はじめに仏たちを納める場を作り出します。これが宇宙全体を表す外周部や、仏たちの居住空間である楼閣です。このときは、行者は宇宙全体を創造しているのですから、その全体を外から見ています。こうして場が準備されると、はじめにマンダラの中尊を生み出します。そして、順次、中尊に近い仏から生み出していきます。そのとき、行者の視点は中尊と同じマンダラの中央にあります。そして、自分のまわりに次々と生み出される仏たちは、すべて中央、つまり行者の方を向いています。楼閣や宇宙全体という一種の容器を作り、それを中心から周縁に向かって、仏たちによって次々と満たしていくというイメージでとらえることができます。マンダラに描かれる三つの部分のうち、外周部と楼閣を表現する場合と、内陣の仏たちを描く場合とでは、同じように立体的なものを平面に置き換えながらも、それを見ている視点は同じではないのです。

四　マンダラを生み出す

地面に描かれたマンダラ

マンダラはさまざまな形で表現されます。日本のマンダラは絵画の形式をとるのが一般的です。掛軸のように表装され、壁などに掛けて用いられます。チベットでは壁に直接描かれる壁画のマンダラも数多く残っています。チベットには、一般に立体マンダラと呼ばれるマンダラもあります。木や金属を用いて楼閣を立体的に作り、その中に仏たちの像を安置します。わが国にはこのような立体的なマンダラはありませんが、寺院の内部にマンダラの仏たちの像を並べ、マンダラの世界を再現することがあります。たとえば、東寺（教王護国寺）の講堂の諸尊像は、しばしば立体マンダラと呼ばれます。また、仏塔の内部に五仏を置き、さらにその周囲の壁や柱に、マンダラの諸尊を描くこともあります。これは、仏塔の内部空間をマンダラの世界と見なしているからです。地域は異なりますが、インドネシアの有名なボロブドゥール寺院も、立体的なマンダラと紹介されることがあります。これはむしろ、マンダラの背景にある仏教の宇宙観が、寺院の構造に反映されていると言った方が正確なのですが、仏たちの世界を立体的にとらえていることは共通しています。

このように、マンダラの作例は日本やチベットをはじめとする諸地域に、さまざまな形で見ることができます。ところが不思議なことに、マンダラを生み出したインドには、マンダラはほとんど残されていません。それは、インドで作られたマンダラが、このような絵画や立体の形をとらず、地面の上に描かれることが一般的だったからです。すでに述べたように、それは地面の上に輪郭線を引き、色のついた砂などを用いて彩色して作るマンダラです。その伝統はチベット仏教によって忠実に受け継がれ、「砂マンダラ」の名で知られていますが、インドの場合、これに相当する語はなく、単に「マンダラ」と呼ばれたり、「彩色されたマンダラ」と呼ばれていたようです。

マンダラの制作儀礼

地面の上にマンダラを描く方法は、厳密に定められていました。それは単に輪郭線を引いたり彩色するだけではなく、その前段階として地面の整備を行うことや、彩色の終わったマンダラに仏たちを招く手続きなども含みます。マンダラは芸術家のインスピレーションで描かれるような絵画ではなく、厳格な儀礼的な手続きにのっとって制作されます。

このようなマンダラの制作儀礼は、インドで伝統的に行われている家屋建築の儀礼と共通しています。すでに繰り返し述べてきたように、マンダラとは仏たちの「家」であり、どんなに抽象化され簡略化されていても、家を造るためには、それにふさわしい儀礼を行わなければならないからです。現代の日本でも、家やビルなどを建てる場合、地鎮祭や上棟式、竣工式などの儀礼が行われます。このような儀礼がマンダラを作る場合にも必要なのです。

マンダラの制作儀礼の大まかな流れは次のようなものです。

はじめにマンダラを描くための土地を選定し、いくつかの方法でこの土地が適格であることを検査します。そして、適切な条件をそなえていることがわかれば、地面の浄化を行います。地面の決まった場所を掘り起こし、土の中に不純なものがないかを確認します。もしあれば取り除き、ふたたび整地してマンダラを描くことができるようにします。また、浄化の過程で土地に五種の宝石や穀物などが埋蔵されます。これは家屋の建築儀礼で重要な位置を占める、「受胎の儀式」と呼ばれる儀礼に相当します。土中に埋められた穀物の種や宝が「種子」となり、建築される家屋が「誕生」するのです。この場合、家屋を生み出すのは地面ですが、それは大地の女神としてとらえられています。

浄化を終えると、「土地の掌握」という儀礼が行われます。さまざまな内容を持つ複雑な儀礼ですが、儀礼を進める中心的な存在である師（阿闍梨）に対して、弟子たちが制作予定のマンダラを開示するよう請願する内容と、この地に住む悪鬼や土地神などに対して、土地への侵入を禁ずる諸々の手続きが示されます。これらに続いて、結界の作法が行われ、マンダラを描く土地が完全に浄化されます。そして、大地の女神に対して、マンダラのために土地を借用することを請願します。

マンダラそのものの制作は、全体の輪郭線を引く「墨打ちの儀軌」と、色のついた砂などを用いてマンダラを描く「彩色の儀軌」からなります。これによって、はじめて目に見える形で「仏の世界」が出現します。マンダラには実際の仏たちの姿を描いたり、彫像作品を一体ずつ安置することもあったようですが、大日如来はストゥーパ、阿弥陀如来は蓮華といったように、それぞれの仏を象徴するシンボルを描くことが最も一般的だったようです。ただし、いずれの場合も、こうしてできあがったマンダラは、この段階では仏たちが宿る場にすぎません。マンダラの中の仏の像やシンボルは、それに対応する仏が何であり、どこに位置するかを示す指標のようなものだったと考えられます。マンダラを完成させるためには、これらを手がかりに、それぞれに対応する仏たちをそこに招き寄せ、適切な場所に配置する必要があります。

仏たちをシンボルで描く

じつはこのような神々の「よりしろ」は、仏教に限らず、インドでは広く見られるものです。ヒンドゥー教の神々を儀礼や祭礼の場に招き寄せるときに、地面に幾何学的な図を描き、そこに、その神のシンボルを描くことは、今でも行われています。シヴァであれば三叉戟、ヴィシュヌであればほら貝や円盤などがシンボルとして描かれます。神の像そのものではなく、シンボルを描くのは、単に簡単であったばかりではなく、神々相互を区別するためには、むしろその方が好都合だったからでしょう。マンダラの場合、大規模なものは何百という仏たちが含まれますが、そのような場合こそ、シンボルを描くことはきわめて有効な方法だったはずです。

仏たちをシンボルで描くことは、仏教美術の伝統にも関連づけられます。インドの初期の仏教美術では、釈迦はわれわれの知っているような仏像の姿では表されず、法輪や仏塔、菩提樹などのシンボルによって表現されていました。釈迦をわれわれと同じ人間的な姿で表すことに抵抗があったためと考えられていますが、釈迦のような聖なる存在を表現する場合、写実的にするよりも、象徴的な方法をとることの方が、むしろ自然だったと言うべきかもしれません。宗教美術においては、リアリティーを追求するよりも、逆に抽象化や形式化を進めることが、表現する対象の聖性を高めることができるからです。これについては、次章で詳しく取り上げます。

五　儀礼の装置としてのマンダラ

灌頂という儀式

一連の手続きをふまえて完成したマンダラは、次の段階の儀礼で一種の「装置」として用いられます。別の見方をすれば、マンダラ制作儀礼は、より大きな儀式の準備段階にすぎないのです。このようなマンダラを用いる儀式の中で最も重要なのが、灌頂と呼ばれる儀式です。サンスクリットで「アビシェーカ」と言います。

灌頂という儀式は、予備的な修行を終えた弟子に、密教の僧侶たる資格を与えるものです。灌頂を受けることで、弟子ははじめて正式な密教の実践者となります。灌頂を与えるのは弟子の師ですが、日本密教では師を意味する「アーチャーリヤ」を音写した「阿闍梨」という名称を用います。灌頂を受けることによって、阿闍梨がそなえている密教の法の伝統を、弟子が継承することになります。

もともと、灌頂はインドにおける王位継承の儀式の名称でした。「アビシェーカ」という語は「水を灌ぐこと」を意味し、実際に儀式の中で王位継承者に対して灌水が行われます。この場合の水にはさまざま意味が込められていますが、基本的には水を用いた浄化儀礼や再生儀礼と見ることができます。水が灌がれることによって、新王が誕生するのです。

灌水のプロセスは、密教の灌頂儀礼においても重要な位置を占めます。阿闍梨が弟子に水を灌ぐことによって、新たな法の継承者が誕生するのです。国家における王位継承者の位置を、灌頂の儀式では法の継承者である弟子が占めています。マンダラの構造に見られた王と仏のイメージの重ね合わせが、ここにも認められます。

この灌頂の儀式は、マンダラを前にして行われます。それは、マンダラに描かれた仏たちの世界こそが、法の継承者として生まれ変わった弟子が、本来、住している空間にほかならないからです。マンダラという模式図によって表された仏の世界が、新たな王である弟子の宮殿であり、自らがその主人である仏であるからです。

灌水で用いられる水瓶（図3－6）は、マンダラの制作儀礼の中ですでに準備されていま

図3－6　灌頂瓶（和歌山・親王院）

す。この水瓶はマンダラに含まれる仏たちに対応しています。そのため、原則として、水瓶の数はマンダラの仏の数に一致しますが、いくつかをまとめることで、それよりも少なくすることも可能だったようです。ただし、中尊に対応する水瓶は最も重要な瓶で、いかなる場合でも省略されることはありません。水瓶が準備されると、対応する仏たちが瓶の中の水に溶け込むことを、阿闍梨は瞑想します。こうして仏たちは、灌水で用いられる水と密接な関係を持ちます。

仏に生まれ変わる

灌頂ではこの水が阿闍梨によって弟子の頭頂に灌がれますが、仏の智慧がこれによって弟子にそなわると言われています。仏の智慧、すなわち仏智を獲得することによって、弟子は仏となることが可能になります。

灌頂の儀式は密教儀礼の中でも最も重要なもので、その内容もきわめて複雑です。そして、時代や流派、依拠する経典などによって、さまざまな方法があったようです。密教という名にふさわしく、その内容は秘密とされ、灌頂に参加する者たち以外には見せてはならず、その内容をかるがるしく口外することも、固く禁じられていました。

しかし、インドで著された文献などから、灌頂の儀式についてかなり具体的な内容を知ることができます。それによると、弟子が仏として生まれることを、灌水以外にもさまざまな方法で確認させ自覚させたことがわかります。たとえば、灌水に続いて宝冠や金剛杵、金剛鈴などが、阿闍梨から弟子に渡されます。これらを身につけたり手にすることで、弟子は外見上も仏となっていきます。そして、ひととおりの身づくろいがすむと、弟子は阿闍梨によって「開眼」させられます。もちろん、それまでも弟子の目は開いているのですが、阿闍梨が儀礼的に弟子の瞼に触れることで、「無知という網膜」が消え、「仏の智慧の眼」が開くのです。このとき、阿闍梨が弟子の瞼に触れるのは「金篦《こんぴ》」(図3－7)という道具で、インドの医術において眼科医が用いた医療器具であったと言われています。開眼した弟子には、さらに阿闍梨によって鏡(図3－8)が差し出されます。これによって開眼したことを確認するとともに、自らが仏の姿をしていることを弟子は自覚します。

灌頂の儀式の終盤では、弟子の手にほら貝や法輪(輪宝)(図3－9)が与えられます。こ

図３－９　輪宝（和歌山・親王院）

図３－７　金箆（和歌山・親王院）

図３－８　明鏡（同上）

れらはいずれも、仏が法を説くときのメタファーとして用いられるものです。つまり仏は、ほら貝をとどろかせるように法を宣布し、法輪を転ずることによって、世界を法によって治めるのです。

仏の世界への導入

このような灌頂の儀式は、すべてマンダラを前にして行われます。何度も繰り返しているように、それが弟子が本来住すべき「仏の世界」であるからです。その意味でマンダラとは儀礼の装置であり、道具なのです。弟子はこの仏の世界に、灌頂の儀式のはじめの段階で、積極的に関わりを持ちます。それが「投華得仏」という儀礼です。

灌頂を行う儀礼の場は、特定の建物の中か、あるいは幕のようなもので囲まれた空間だったようで、外界からは遮断されていました。弟子はこの空間に目隠しをした状態で導かれて来ます。そして、マンダラの周囲で礼拝を行いますが、これは開門の合図でもあり、これによってマンダラの楼閣、すなわち仏の世界の入口が開かれます。弟子は目隠しをしたまま、両手に花をはさんで合掌し、合図に従ってマンダラの方に投じます。目隠しをしているので、自分の意思どおりの方向に投げることは困難です。マンダラに落ちた花の位置に従って、灌頂を受ける弟子が、どの仏と関係があるのかが決定されます。もし、仏が描かれていないところに落ちた場合には、そこから一番近いところにいる仏が選ばれます。弟子の能力や条件に応じて、最も縁の深い仏が選ばれると考えられました。「投華得仏」と言われるのはこのためです。マンダラに描かれる仏たちはさまざまですが、その根源は中央に位置する仏です。弟子が灌頂の儀式によって生まれ変わる仏も、この中尊にほかなりません。投華得仏によって決定された仏は、弟子を仏の世界に引き入れるための導入役のような役割を果たしているのです。もちろん、投華得仏において、中尊そのものの上に花が落ちることもあります。空海が中国で受けた二度にわたる灌頂では、いずれも花は中尊の大日如来の上に落ち、その師である恵果阿闍梨をして、「不可思議、不可思議」と言わしめたと伝えられています。

投華得仏に始まり、灌水、宝冠や金剛杵などの授与、開眼作法、説法の開始へと続く灌頂儀礼は、弟子にとっては、いよいよ本格的な密教の僧侶となる栄えある儀式でした。それは国家における王位継承の儀式に相当するものです。法によって世界を治める王たる仏という自覚を、弟子に与えるのです。マンダラはこのような儀式の意味を周知させる、最も重要な儀礼の装置だったのです。

第四章　マンダラの表現方法とその意味

一　「眼に見えないもの」はすぐれている

幻の童謡詩人と呼ばれる金子みすゞに、「星とたんぽぽ」という詩があります。

青いお空の底ふかく、
海の小石のそのように、
夜がくるまで沈んでる、
昼のお星は眼にみえぬ。
　見えぬけれどもあるんだよ、
　見えぬものでもあるんだよ。

散ってすがれたたんぽぽの、
瓦のすきに、だァまって、
春のくるまでかくれてる、
つよいその根は眼にみえぬ。
見えぬけれどもあるんだよ、
見えぬものでもあるんだよ。

（『金子みすゞ童話全集』ＪＵＬＡ出版局より）

数ある金子みすゞの詩の中でも人々に親しまれているもののひとつで、取り上げられる機会が多い作品です。「見えぬけれどもあるんだよ、見えぬものでもあるんだよ」という繰り返しが、読む人の心に響くのでしょう。

マンダラは「仏の世界」を表しているとしばしば説明されます。ほんとうの「仏の世界」は眼に見えないが、それをマンダラという仮の姿で表しているということです。あるいは、密教の教理は深遠で難解であるため、人々にわかりやすく示すために、マンダラが用いられると説明されることもあります。ここでも、眼に見えない教えを眼に見えるマンダラに置き換えて、視覚的に表したことが意図されるようです。仏の世界や仏の教えが真実であり、マンダラは仮の姿ということになります。

しかし、なぜ「眼に見えないもの」が「眼に見えるもの」よりもすぐれていると言えるのでしょうか。どうして「眼に見えないもの」が真実であり、「眼に見えるもの」が仮なのでしょうか。金子みすゞの詩に共感を覚える人が多いことからもわかるように、人間は「眼に見えないもの」に高い評価を与える傾向があるようです。

「マンダラとは何か」という問いに対して、マンダラの入門書や概説書はこれまでにも、「仏たちの世界の縮図」「悟りのための補助手段」、あるいは「儀礼の装置」という答えを示してきました。もちろん、これらの答えはマンダラを定義するために適切なものです。最近、進展の著しいインド、チベット、中国、日本などのマンダラ研究の中から導き出され、研究者のあいだでもほぼコンセンサスが得られています。しかし、その前提となる「眼に見えない」仏の世界を、「眼に見える」マンダラとして表現することについては、あまり説明されてこなかったような気がします。「眼に見えないもの」はすぐれているという共通の認識が、そのような問いを発することを、むしろ拒んできたのかもしれません。

二　聖なるものは表すことができない

偶像崇拝の禁止？

インドの仏教美術に少しでも関心のある人は、バールフットやサーンチーなどの初期の仏教美術においては、釈迦は人間の姿では表されないことを知っています。たとえば、釈迦は仏塔、菩提樹、足跡などのシンボルによって表されたり（図４－１）、あるいは何も表現しないで、その上に傘蓋や払子などを描いて、存在を暗示するという方法がとられます（図４－２）。仏陀の象徴的表現とか、釈迦の不表現と呼ばれています。そしてその理由として、「当時の仏教徒にとって、釈迦を人間の姿で表すことはおそれ多かった」と説明されることがよくあります。この説明からは、いわゆる「偶像崇拝の禁止」に似た印象を受けるかもしれません。

インドの初期の仏教美術に見られるこのような特徴は、頭では理解できても、どこか遠い世界のことのように感じるのではないでしょうか。とくに「偶像崇拝の禁止」というフレーズからは、それを金科玉条としているイスラム教を連想し、過激派によるバーミヤーンの大仏破壊のような痛ましい出来事にまで、考えが及ぶかもしれません。そして、イン

図4－1　エーラパトラ龍王の礼仏(バールフット出土、コルカタ・インド博物館)

図4－2　出家踰城（サーンチー第一塔東門）

ド美術の歴史の中で、紀元前後にガンダーラなどで仏像の制作が始まったことを知ると、ようやくわれわれの知っている仏教、あるいは仏教美術の世界になってきたと思うのではないでしょうか。そこには、私たちと同じ人間の姿をした釈迦がいますし、その身体的な特徴は、日本の仏像と多くの共通点があります。そうすると、なおさら仏の姿を仏像で表さないことが、何か特別なことのように思えてきます。

しかし、そもそも仏のような「聖なるもの」を、何か形によって表すこと自体、可能なのでしょうか。誤解をおそれずに言えば、あらゆる宗教は、それが宗教である限りは、基本的に「偶像崇拝」は禁止したいはずです。仏のような尊いもの、崇高なもの、おそれ多いものを、どうして木や金属でできた彫刻や、絵の具のかたまりでしかない絵画などに、置き換えることなどできるでしょうか。

宗教美術のジレンマ

身近な例からこのことをもう少し詳しく考えてみましょう。

日本の仏教寺院で本尊などの仏像を公開しているところは数多くありますが、写真撮影まで許可しているところはあまり多くはないでしょう。絵画のように、写真撮影による作品の劣化が撮影禁止の理由にあげられたり、出版物への無断掲載を防ぐためという目的があるかもしれません。しかし、むしろ仏像が写真に撮られること自体が、所有者にとって容認しがたいのではないでしょうか。言うまでもないことですが、仏像をお守りしている人たちにとって、その仏像は単なる「像」ではなく「仏さま」です。信仰や礼拝の対象であって、モノではないのです。それを写真という一枚の紙切れに置き換えられることには抵抗を感じるでしょうし、ましてや、その写真自体がぞんざいに扱われたりすれば、耐えがたい気持ちになります。

これはちょうど、家族や恋人のような大事な人の写真と同じような位置づけにあるかもしれません。そのような大事な人の写真は、いつも眼に見えるところや身近に置いておきたいと思うことも自然な感情です。しかし、大事に思う気持ちが強ければ強いほど、無神経な他人の眼にさらしたくはないという気持ちも働きます。それに、写真は実物のすばらしさにはとうてい及ばないと信じている場合も多いでしょう。客観的に見てそれが正しいかどうかはわかりませんが。

それはともかく、このような「いつも見ていたいが、人の眼にはさらしたくない」というジレンマを解決するよい手段があります。それは写真ではなく、何か、かわりの「モノ」を飾っておくという方法です。たとえば、誕生日やクリスマスにその人からもらったささやかなプレゼントのようなものでもいいでしょう。それを見ると、その人のことやもらったときの状況などが鮮明に思い出されるようなものです。この場合、写真のように、その人の姿や形を正確に再現しているかどうかは問題になりませんし、他人の視線にさらしても少しも気になりません。

二〇〇〇年以上前にサーンチーやバールフットで浮彫りを刻んだ人たちも、これに近い感情を持っていたのではないかと思います。釈迦を慕う気持ちは仏教徒であれば当然強く持っていたでしょう。釈迦自身はすでにその数百年前に涅槃に入り、今生においてまみえることはかないません。ひと目その姿を見たいという思いは募るばかりです。しかし、釈迦は煩悩を完全に消滅させて、完全な悟りに到達したような存在です。いったいどのような方法でその姿を表現することが可能でしょうか。どんな姿で表しても、それは釈迦の完全性や崇高さを忠実に表現できるとは思えません。

そのとき、彼らのとった方法が、釈迦そのものではなく釈迦と密接な関係にあるシンボル、すなわち「モノ」だったのです。涅槃と仏塔（図4－3）、成道と菩提樹、初説法と法輪（図4－4）などは、釈迦の活動内容をそのまま表すような格好のシンボルでした。

表現したい、でも表現できないというジレンマは、宗教美術の持つ宿命です。神や仏のようなものの姿をひと目見たい、直接お会いしたいという気持ちと、その完全性や崇高さはいかなる方法によっても再現できないというあきらめが、矛盾しながらも同居していま

図4－3　仏塔の礼拝（サーンチー第一塔西門）

図4－4　法輪の礼拝（同上）

す。宗教美術はこの相反する感情のどこで折り合いをつけるかで、その表れ方が違ってきます。イスラム教は「表現不可能」という極を自分たちの立場としていることになりますし、ガンダーラなどで仏像を刻むようになった仏教徒は、何とかして仏そのものの姿を表したいという方向に、舵をきったのです。古代インドにおける釈迦の象徴的表現や不表現は、このような対立における妥協点のひとつなのです。

三　仏の身体をどうとらえるか

降臨する釈迦

仏教の場合、仏の姿を表すことができないという考え方は、単に仏像の表現方法だけにとどまりません。そこには仏の身体、すなわち肉体をどのようにとらえるかという問題も含んでいるからです。このことを、仏伝の中でもよく知られたエピソードのひとつ「三道宝階降下」に見てみましょう。

この物語は、釈迦が生母である摩耶夫人への説法を、神々の世界である三十三天で行ったという物語です。釈迦誕生後ほどなくして亡くなった母摩耶夫人は、その功徳によって三十三天に生まれ変わります。釈迦はその母のためにこの天におもむき、しばらくのあいだ滞在して説法を行ったあと、地上に帰還します。そのとき、工芸神である毘首羯磨《びしゅかつま》は、帰り道として金、銀、水晶の宝でできた階段、すなわち三道宝階を、三十三天から地上にしつらえました。釈迦の帰りを待ちわびていた地上の者たちが、僧俗を問わず群れをなしてこの階段のもとで待機していると、梵天と帝釈天を左右に従えて釈迦が姿を現し、人々は歓喜に包まれます。三つの階段が準備されたのは、釈迦に加えてこの二人のためでもあったのです。

図4－5　三道宝階降下（バールフット出土、コルカタ・インド博物館）

　バールフットの欄楯には、このときのシーンを表した浮彫りがあります（図4－5）。長方形の区画の中央には、三列からなる階段を置き、その周囲に歓呼する人々や諸天を整然と並べています。釈迦の姿は中央の階段の上と下にある二つの足跡によって、その存在が示されています。画面の左には、地上に降り立った釈迦を示す大きな菩提樹も表され、釈迦は全体で三度登場することになります。

すでに述べたように、バールフットの欄楯装飾が作られた時代、釈迦の姿がこのような足跡や菩提樹で表されることは、何ら特別なことではありませんでした。しかし、三道宝階降下のエピソードは、釈迦を人間の姿で表さないことを積極的に評価する物語へと、展開していきます。

仏の身体さえも空

三道宝階降下を伝える文献の中でも、成立の古いものは、単に釈迦の地上への帰還を伝えるにすぎませんが、新しいものになると次第にドラマティックな内容を加えていきます。その変化のひとつは蓮華色比丘尼という尼の登場です。この比丘尼は仏伝に登場する女性の中でも著名な人物の一人なのですが、とくに神通力をそなえていることでよく知られていたようです。三十三天から地上にお帰りになる釈迦を真っ先に迎えようと、彼女は一計を案じます。地上の王の中でも最も強大な王である転輪聖王になれば、並み居る人々の先頭に出ることができると考えたのです。そして、地上の帝王である転輪聖王にふさわしく、無数の家来と軍隊を神通力で生み出し、自分のまわりには七宝と呼ばれる転輪聖王の七種のシンボルを配し、計画どおりに、人々の先頭で釈迦をうやうやしく迎えることができたのです。

そのあと、蓮華色比丘尼は本来の女性の姿に戻ったため、道や場所をあけた人々から顰《ひん》蹙《しゅく》をかったというエピソードで終わります。三道宝階降下の物語の神話的な性格を高めるのに役立っています。しかし、これがさらに別の経典になると、須菩提という仏弟子が登場することで、物語の趣旨は一変します。

『増一阿含経』という経典が伝える三道宝階降下の物語では、須菩提がそのときにとった行動に焦点が当てられています。須菩提は人々が三道宝階の場面に集まったとき、山の中で瞑想をしていたそうです。釈迦が地上に戻ることを知った須菩提は、ほかの人々と同じように、釈迦を迎えようといったんは腰を浮かせますが、釈迦自身の教えである「一切の諸法はあまねく空寂なり」、すなわち「あらゆるものは空である」という言葉を思い出し、「その空をまさに観ずる」ために山中にとどまりました。仏陀の身体ですらも空であるのです。この物語では、華々しい転輪聖王の姿をとって釈迦を迎えた蓮華色比丘尼と、そのような釈迦の姿よりも「すべてのものは空である」という教えを見ることを選択する須菩提が、対比的に扱われているのです。ちなみに、仏陀と転輪聖王はともに三十二相八十種好という共通の身体的な特徴をそなえていると言われます。三道宝階降下の場には、この二人の人物がそろった華やかな情景が出現したはずですし、それに対し、山中で一人瞑想にはげむ須菩提が、イメージの上でも好対照をなしています。

このように展開した三道宝階降下のエピソードに、須菩提が重要な人物として現れるようになったのは興味深いことです。というのは、彼こそが『金剛般若経』をはじめとするさまざまな般若経典で、仏の対告衆《たいごうしゅ》、すなわち法を聞く者たちの代表として登場するからです。言うまでもなく般若経の中心にあるのは「空の思想」です。仏の身体でさえも、真理すなわち法には及ばないとする物語のテーマは、この空の思想とは無縁ではないのです。

縁起を表す詩

空の思想は般若経典から始まったわけではありません。釈迦の教えの中心にある縁起、無常、無我などの教えと密接な関係があります。このうち、縁起に関する教えは、有名な仏弟子の一人舎利弗が、はじめて釈迦のもとをおとずれた物語の中で、次のように紹介されます。

マガダ国のラージャグリハの郊外に釈迦が滞在していたとき、釈迦の弟子の一人が托鉢のために町に出ました。たまたまその姿を見た修行者舎利弗は、その清らかさに打たれ、弟子の師である釈迦の教えについてたずねます。この時点ではまだ舎利弗は、仏弟子ではありませんでした。そのとき、弟子は次のような詩で、舎利弗にそれを伝えます。

ものごとは原因があって生じる。その原因を釈尊は説いた。そしてまたその滅却をも。
偉大な沙門はこのように教えた。

これを聞いた舎利弗は即座にその意味を理解し、親友の目犍連を伴って釈迦のもとに入門したと言われます。

この詩は縁生偈、縁起偈などの名で知られ、縁起の教えを簡潔に示したものとされます。大乗経典を筆写した場合、その写本の末尾に記されることもしばしばあります。大乗経典の内容もつきつめれば、縁起の法に行き着くことを示すのでしょう。それとともに、法を説く経典そのものが、仏の身体よりも重要であり、崇拝の対象にもなっていたことを表しています。この偈は法身偈あるいは法身舎利偈とも呼ばれますが、これは縁起の教えが釈迦の遺骨である舎利に匹敵する、あるいはそれ以上の重要性を持つことを意味するからです。

興味深いのは、大乗仏教から密教の時代にかけて、インドでは数多くの仏像に法身偈が刻まれたことです。グプタ時代からパーラ朝という王朝の時代に、インドではおびただしい数の仏像が石やブロンズで造られましたが、これらの中の相当数の作例には、台座や光背などに法身偈が刻まれているのです。あらゆるものは縁起によって生起し滅する。言い換えれば空であることを、仏像という仏の身体を模したものに刻むのです。そこに表現されている仏の姿は、ほんとうは空なのですよということを、わざわざ示しているわけです。仏像は仏の姿に似ているかもしれないけれど、「これはニセモノです」というレッテルを貼っているようなものです。初期の仏教美術とは異なる方法ではあっても、「聖なるものは表現できない」という同じ主張が、ここでも繰り返されているのです。

しかし、このような態度はかならずしも当時の仏教徒たちが、仏像に対してストイックであったことを表しているのではないようです。むしろ、法身偈というレッテルを貼ることによって、堂々と仏像を刻み、礼拝することができたのです。法身偈という銘文は、一種の免罪符であったのかもしれません。密教の儀礼を説いた文献の中には、仏像の胎内に納めるものとして、法身偈を記した貝葉《ばいよう》（シュロの葉）でくるんだ舎利をあげるものがあります。須菩提が「空寂なり」と言って執着することを放棄した仏の肉体の一部が、ここでは礼拝の対象として丁重に扱われています。それを可能にしたのが法身偈なのです。

四　宗教美術における聖なるものの表現

境界を設定する

マンダラが本来「眼に見えないもの」であり、表現することができないものを表しているとすると、いったいどのような方法をとっているのでしょう。マンダラに表されている仏の世界がほんとうは空であり、仮の姿であることは、当時の仏教徒にとってもいわば当たり前のことでした。密教の修行僧たちは、マンダラをイメージ化する独特の瞑想法を行っていたことが、彼らが残した文献から知られています。そこでは、まずはじめに「すべてのものは空である」ということを認識してから、マンダラを瞑想します。これから瞑想する仏の世界が空であるという前提で、それを行っているのです。これは仏像に法身偈を刻む態度と共通します。しかし、空であるというだけでは、マンダラに見られる独自の形態や表現方法を説明することはできません。

マンダラのような宗教的な絵画に、どのような表現が見られるかを少し考えてみましょう。

宗教的な絵画には、神や仏のような聖なるものを表すためのいくつかの独特な表現が見

図4－6　山越阿弥陀図（京都国立博物館）

られます。たとえば、われわれの属する世界と、神や仏の世界を区別するための何らかの境い目を設定します。たとえば、神や仏を丸く囲んだり、雲や光の中に描くことで、それがわれわれの世界とは違う次元に属しているのだということが示されています。日本の仏教絵画の中に、阿弥陀如来がわれわれの世界におとずれる「来迎図」というジャンルがあります。図4－6はそのような来迎図のひとつですが、阿弥陀如来とその取り巻きの菩薩たちは、山の向こうからこちらにやってくるように描かれています。足の下には雲が流れていて、その一部はすでに山のこちら側にもただよってきています。ここでは山のような自然な景観が、われわれと阿弥陀如来たちを区切る境界の役割を果たしています。日本の仏教絵画では、聖と俗の境界線を、このような自然な景観で表すことがよく見られるのです。さらに、この作品では阿弥陀如来たちが山の向こうに大きくそびえているかのようです。このように巨大な姿で表現するのも、われわれの世界とは次元が違うことを印象づける効果があったでしょう。

光と落差

光が聖なるものを表すために重要な役割を果たしていることも、しばしば見られます。仏の後ろに表される光背や、頭のまわりに丸く表現される頭光は、そのわかりやすい例です。光背も頭光も、光という文字が入っていることからわかるように、仏そのものから発せられる光なのです。背中や頭の後ろに、何かをくっつけているわけではありません。キリスト教の絵画でも、キリストやマリア、あるいは聖人たちが、頭光のようなものをつけていたり、天使の頭の上に丸い輪が描かれるのも、それと同様です。

神や仏から発せられた光が、われわれの世界に到達するように描かれることもあります。この場合は、聖なるものを光が表すだけではなく、神や仏とわれわれとをつなぐような働きが光にはあるようです。キリスト教の絵画で、マリアが天使によってキリストの懐妊を告げられる「受胎告知」というテーマのものがありますが、そこではしばしば天上世界に

図 4－7　阿弥陀二十五菩薩来迎図（京都・知恩院）

いる神から発せられた光が、マリアに届いています。あたかも、この光を通ってキリストがマリアの胎内に入るかのようです。

光が重要な役割を果たしているのは、来迎図でも同様です。そこでは、来迎する阿弥陀や菩薩たちが光に包まれていますし、さらにそこから発せられた光は、これから阿弥陀たちのお迎えを受ける人間にまで到達しています。京都の知恩院に残る「阿弥陀二十五菩薩来迎図」は、「早来迎」と呼ばれることもある来迎図の傑作です（図4－7）。この作品では堰を切ってあふれた水のように、阿弥陀如来たちを乗せた金色の雲が、画面の左上から右下へと流れています。「早来迎」という名称のとおり、阿弥陀如来たちがスピーディーに、われわれの世界にやってくるようです。雲が金色に輝くのは、もちろん阿弥陀如来たちが光に包まれているからですが、来迎が光の速さで進んでくることも暗示しているかのようです。さらに、画面中央の阿弥陀如来からは、周囲に向かって放射状に光が描かれていて、そのうちの一本の線が、右下の建物の中の人物に達しています。生前に功徳を積んだ僧侶で、阿弥陀たちの来迎を待っているところですが、光がそのあいだに描かれていることで、この僧侶の極楽への往生が、すでに確実なものになっています。

この早来迎でも見られるように、来迎図では阿弥陀たちが上から下に向かって移動するように描く形式が好まれました。もちろんこれは、阿弥陀がいる極楽世界が上で、われわれの娑婆世界が下になるわけですが、画面の中にこのような上下の落差を作っていることも、宗教的な絵画ではよく見られます。キリスト教の絵画では、神が地上に現れる「降臨」や、逆に天国にのぼっていく「昇天」が、それにあたります。「降る」とか「昇る」という言葉に、そのイメージが込められています。

五　マンダラは単純化をめざす

人工的な世界

このような「聖なるものの表現」は、仏教やキリスト教の絵画ではよく見られるものです。そこに共通しているのは、画面の中に「聖なるもの」と「俗なるもの」の落差のようなものを設定する方法です。境界線の設定、巨大化、光に包まれる神や仏、さらにそこからわれわれの世界に到達する光、これらはいずれも、聖なる世界とわれわれの世界とは次元が異なり、見るものにその両者の差を強く印象づけるものです。しかし、マンダラに描かれているのは、仏たちの世界、つまり聖なるものだけです。そこには、俗なるものであるわれわれの世界が入り込む余地はありません。二つの世界のあいだにある落差によって、次元の違いを表すことがそこではできません。仏たちのすべてを光に包まれたように表しても、マンダラには仏しかいませんから、メリハリがつきません。

そのため、マンダラではそれが聖なるものであることを示すために、これらとはまったく別の方法をとります。それは「徹底した単純化」とでも呼ぶことができるものです。

マンダラの全体は、基本的に円と正方形によって構成されています。この二つの形は最も安定した図形ですが、実際の自然界にはほとんど見られないものです。いわば人工的な形態なのです。マンダラの円は宇宙の全体像を、その中の正方形は仏たちの住む宮殿を表しています。この宮殿が正方形であるのも、インドで昔から宇宙の中心にそびえると信じられていた須弥山という山の頂上が、正方形をしていることに由来します。仏たちの宮殿はその頂上に建っています。宇宙が円や正方形で構成されているのは、インドの人々にとっての宇宙のイメージが、秩序的な空間であると理解されていたからです。秩序的な空間というのは、まさに「聖なる世界」に相当します。

円と正方形によって囲まれた建物の内部は、基本的に五種類の色で塗り分けられています。五種類とは白、青、黄、赤、緑です。自然界のすべてのものが、この五種類で表現できるわけはありません。ここにも徹底した単純化が行われているのです。ところで、これらの五種類の色は、一般には鉱物から作った顔料だったようですが、マンダラの作り方を伝えるインドの文献には、五種類の宝石を砕いて作るという記述も見られます。白は月長石、赤はルビー、青はラピスラズリといった具合です。このような高価な原料を使うことは、また別の意味で、マンダラが聖なるものであることを維持するうえで効果的だったのかもしれません。

図4－8　金剛界マンダラ

シンボルを用いることの意味

単純化することによる聖なるものの表現は、マンダラに描かれた仏たちの姿に明瞭に表れています。マンダラの仏たちは、同じグループの中ではほとんど違いのない姿をしています。金剛界マンダラ（図4－8）を例にとると、四方にいる四人の仏、すなわち四仏や、その周囲にいる一六人の菩薩たちは、いずれも同じような顔つきをし、同じような衣装や装身具を身につけ、同じような姿勢で坐っています。同じグループの中で、それぞれの仏たちを区別するのは、手で示す印や手にする持物など、限定的なものに限られます。人工的に生み出されたクローン人間がいて、それを区別するための標識として、印や持物が与えられているかのようです。

標識、つまりシンボル以外の部分がすべて共通であるならば、そのような共通の部分を省略してシンボルだけを描いた方が、マンダラはわかりやすくなるという発想が、単純化を進めていくと登場します。チベットの仏教の寺院では、砂マンダラというマンダラを作ります（図4－9）。地面の上に線を引いて、それに従って色のついた砂を少しずつ落として、マンダラを描きます。砂マンダラでは仏たちはすべてシンボルで描かれています。砂で描くから単純な形の方がいいと思われるかもしれませんが、別に砂でも仏の姿を描くのはそれほど難しくありません。しかし、あえてシンボルだけで仏たちを表すのは、単純化を推し進めていった結果なのです。インドにはマンダラは残されていませんが、密教の時代のインドの文献には、このような砂マンダラを作って儀式をするという記述が見られます。砂マンダラはチベット独特のマンダラと思われているかもしれませんが、すでにインドで、これとまったく同じものが作られていました。チベットはその忠実な継承者なのです。

シンボルだけで描くマンダラは、じつは日本にも伝わっています。日本の金剛界マンダ

図4－9　砂マンダラ

ラは「九会曼荼羅」とも呼ばれ、縦横三つずつの九つの部分からなります（後掲の図5－2）。このうち、下の列の中央とその右の二つの部分は、仏の姿ではなく、シンボルが描かれています（図4－10）。これも仏の姿を単純化した結果、シンボルのみが残ったマンダラです。

また、敷曼荼羅と呼ばれるマンダラが密教の寺院には伝わっています（図4－11）。灌頂という儀式をするときに、床の上に敷くのでこのように呼ばれます。敷曼荼

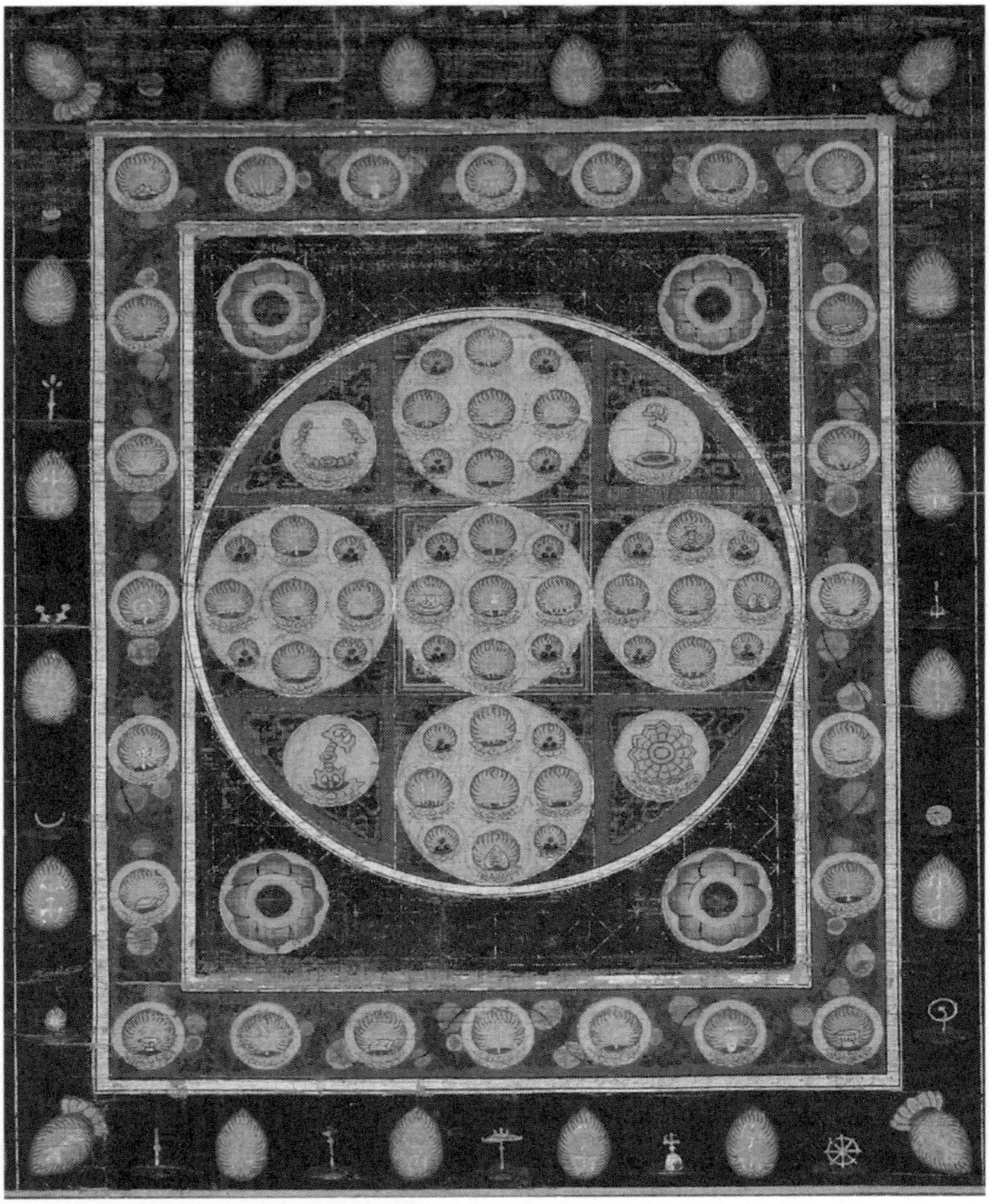

図 4 -10　金剛界曼荼羅　部分　三昧耶会（愛媛・十地院）

図 4 –11　両界敷曼荼羅図　金剛界（和歌山・宝寿院）

羅も仏の姿がシンボルで表されています。しかも、シンボルを描く向きは、日本のマンダラに見られる上下が一定したものではなく、中央から外に向かって、放射状に広がるように描かれます。これも、インドやチベットの砂マンダラと同じ方法です。

ここで思い出されるのは、インドの初期の仏教美術で、釈迦を人間の姿で描かずに、シンボルで表していたことです。そこでは、ほんとうは眼に見えないもの、表現できないものである聖なるものの姿を、何とかわれわれにも見える形で表そうとしたときに、シンボルという単純な形が採用されました。このことは、マンダラに描かれた仏たちがシンボルで表されたことと、どこか深いところでつながっているのではないかと思います。

六　眼に見えないものにさかのぼる

ところで、マンダラを説明するときに、三種のマンダラを立てる場合があります。自性のマンダラ、観想のマンダラ、形象のマンダラの三種です。これも見えるものと見えないものという観点から説明することができます。このうち、はじめの自性のマンダラが、本来の仏たちの世界、悟りの世界で、色や形では表現できないものです。われわれの眼には見えないマンダラに相当します。二番目の観想のマンダラは、密教の僧侶や行者が瞑想の中で生み出したマンダラです。この場合の瞑想というのは、無念無想をめざす坐禅のようなものではなく、明確なイメージを生み出すことが基本です。仏やその世界を、イメージ化するトレーニングとでも言えるでしょうか。したがって、瞑想をしている行者たちにとっては、マンダラは明確なイメージを持ったものです。そうでなければ、マンダラを観想していることにはなりません。しかし、それを具体的に表現することはありません。絵画や彫刻などで仏の世界を再現した場合、それが三番目の形象のマンダラになるからです。誰の眼にも見えるマンダラであるので、形を持った形象のマンダラと呼ばれるのです。

自性、観想、形象というこれらの三つのマンダラは、この説明からすれば、この順番で、すぐれたものから低レベルのものになっていくことになります。完全なものから不完全なものへと、とらえることもできます。これは、眼に見えないものは眼に見えるものよりもすぐれているという原則にも一致しています。眼に見えないものを、便宜的に眼に見えるものに置き換えているからです。

ところが、マンダラの瞑想を説明するインドの文献を注意して読むと、かならずしもそうではないところがあります。自性のマンダラから具体的なイメージが与えられて、観想のマンダラが瞑想の中で生み出されるのではなく、その逆に、形象のマンダラを手がかりに、密教の行者はマンダラの瞑想を進めているようなのです。形象のマンダラは観想のマンダラのいわば設計図になるわけです。円や正方形で表された宇宙全体や仏たちの宮殿を作り出し、その中に配置された仏を表すシンボルを、仏そのものの形へと転換し、さらにその仏たちに息を吹き込み、血を通わせるような作業です。そして最終的には、こうして現れた仏たちの姿も、じつは仮のもので、ほんとうの仏たちは、姿や形を取るものではないことを悟らなければなりません。おそらくそれは、眼に見えないものを見えるものにする作業よりも、はるかに難しいのではないでしょうか。眼に見えないものを眼に見えるものに単純化して表現することは、宗教美術の一般的な方法として、われわれは慣れていますが、その逆はそうではありません。はじめに紹介した金子みすゞの詩にはっと驚かされるのも、眼に見えるものの背後にある眼に見えないものに気づいた詩人の眼に、われわれが驚かされるからではないでしょうか。

金子みすゞの詩を出発点として、眼に見えないものをいかにして表現するかを考えてきました。マンダラは仏たちの世界や、仏の悟りの境地を表したものという説明が、さまざまなところで見られます。しかし、どうして眼に見えないはずの「仏の世界」や「悟りの境地」を表現できるのかという疑問には、ほとんど誰も答えていません。ここではそれを、インドの初期の仏教美術に見られる独特な釈迦の表現や、その背景にある仏教独自の思想、さらに、宗教美術一般の表現方法などから考えてみました。マンダラに見られる独自の表現や形式には、それらにつながるものがありました。その場合に重要なのは、マンダラが鑑賞や礼拝を目的とする絵画ではなく、聖なるものを表すための一種の「仕掛け」であることだと考えています。

第五章　両界曼荼羅の世界

一　二つの世界

両界曼荼羅とは、胎蔵界曼荼羅（図5－1）と金剛界曼荼羅（図5－2）の二つの曼荼羅のことです。いずれも「界」という語を有しているので、「二つの世界」を意味する「両界」という名称で呼ばれました。ただし、胎蔵界の本来の名称は「胎蔵曼荼羅」あるいは「大悲胎蔵生曼荼羅」で、「界」に相当する語は含まれません。この二つの曼荼羅は、成立した時期も、典拠とする経典も、構造の原理もいずれも異なりますが、中国密教とその流れをくむ日本密教において一具とされました。そして、密教の教えを表す造形作品として、きわめて重要な位置を占めるにいたります。日本では曼荼羅と言えば両界曼荼羅であり、それ以外の密教の曼荼羅は「別尊曼荼羅」と総称され、両界曼荼羅に比べて一段低く見られました。両界曼荼羅はいずれも大日如来を中尊とし、曼荼羅を構成する尊格の数も、別尊曼荼羅に比べてはるかに多いのです。

胎蔵界と金剛界を一組の曼荼羅として扱うという考え方は、これらの曼荼羅を生み出したインドでは確認できません。むしろ、胎蔵界曼荼羅は発展途上にある曼荼羅で、これに対し、金剛界曼荼羅において曼荼羅の構造や理念は格段に整備され、その後の密教に大きな影響を与えたとするのが一般的です。二つの曼荼羅のあいだにあるこのようなへだたりは、そのまま日本以外の国における二種の曼荼羅の作例数に反映されます。圧倒的に多くの実作例を残すのは金剛界曼荼羅の方で、胎蔵界曼荼羅はほとんど伝えられないのです。わずかに、チベットにおいて数点の胎蔵界曼荼羅が残されているにすぎません。

ここでは、胎蔵と金剛界のそれぞれの構造をはじめに解説し、わが国に伝わる代表的な両界曼荼羅を紹介します。そして、アジア各地の曼荼羅に関する近年の研究の進展をふまえ、日本以外の両界曼荼羅の姿を概観しようと思います。最後に、両界曼荼羅がどのようにとらえられてきたかを、日本とアジアを対比しながら考察しましょう。

図５－１　胎蔵界曼荼羅（愛媛・十地院）

図 5－2　金剛界曼荼羅（愛媛・十地院）

二　両界曼荼羅の構造

胎蔵曼荼羅

胎蔵曼荼羅（図5－3）は『大日経』にもとづく曼荼羅です。『大日経』は日本密教において、最も重要な経典のひとつと見なされますが、密教の歴史の中では比較的早い成立で、遅くとも七世紀前半には現在に近い形ができあがっています。『大日経』では複数の箇所で曼荼羅が説かれていますが、第二品にあたる「具縁品」（「入漫茶羅具縁真言品」）が最も重要とされます。しかし、ここに含まれる記述だけからでは、現在見るような胎蔵曼荼羅は描けません。インドから中国に伝わるあいだに、さまざまな改変が加えられたからです。

図5－3　胎蔵曼荼羅　見取図

わが国に伝わる胎蔵曼荼羅は、「十二大院」と呼ばれる一二の区画からなる複雑な構造をしています。はじめて胎蔵曼荼羅を目にする人は、中台八葉院と呼ばれる中央の区画を取り囲み、整然としかも隙間なく並べられた仏たちの姿に強い印象を受けるでしょう。視点を周囲にまで移せば、そこにも無数の神々などの姿が描かれ、中には半身が鳥や獣のものたちまでいます。曼荼羅全体の仏の数は三六一にものぼります。

胎蔵曼荼羅の基本となる原理のひとつは「三部」、すなわち三つの部族です。大乗仏教から密教にかけて多くの新しい仏たちが登場すると、彼らは起源や性格、機能などからいくつかのグループに分類されるようになります。その最も初期のものが、仏部、蓮華部、金剛部の三部です。それぞれの部族の中心となるのが、釈迦、観音、金剛手で、各部の名称もこれに由来しますが、密教の時代になると、釈迦は密教仏である大日に交代します。

胎蔵曼荼羅の中央部である中台八葉院と、その左右にある蓮華部院、金剛手院は、この三部に対応しています。曼荼羅の中央に相当する中台八葉院には、大日如来を中心とした四仏四菩薩が八葉の蓮華の中に描かれます。蓮華部院は観音、金剛手院は金剛手をそれぞれ中心とし、その眷属たちが整然と並んでいます。

観音と金剛手の二菩薩は、その一方で、他の六尊の菩薩とともに八大菩薩というグループを形成します。六菩薩とは弥勒、文殊、普賢、虚空蔵、地蔵、除蓋障です。いずれも大乗仏教の経典にも登場する伝統的な菩薩たちです。この八大菩薩も胎蔵曼荼羅の成立に大

き く関わります。三部に対応する三つの区画の周囲にはこれらの菩薩のうち、文殊、地蔵、虚空蔵、除蓋障の名称を持つ区画があるからです。いずれも各菩薩を中心に置いて、その周囲にそれぞれの菩薩の眷属を並べます。観音や金剛手に率いられる蓮華部院や金剛手院は、仏部とともに三部を構成すると同時に、八大菩薩の一部にもなります。

このほかに、文殊院の下には釈迦を中心とした区画である釈迦院があります。また、曼荼羅の周囲の細長い区画は、ヒンドゥー教の神々や下級神を配した外金剛部院があります。この二つの領域は、もともと三部で構成された三つの領域と、文殊や地蔵などの四菩薩を筆頭とする四区画のあいだにはさまれていましたが、曼荼羅の形態の発展過程において分離され、釈迦の領域はそのまま残り、外金剛部院は曼荼羅の周縁へと押し出されることになりました。さらに遍知院、持明院そして蘇悉地院が加えられ、またすでに存在していた区画に尊格を補充して全体のバランスを整えることで、現在見られるような胎蔵曼荼羅はできあがったのです。

金剛界の六種の曼荼羅

両界曼荼羅のもう一方の金剛界曼荼羅（図５－４）は、中期密教の代表的な経典である『真実摂経』（『初会の金剛頂経』）に説かれる曼荼羅で、七世紀後半に誕生しました。インド密教の数ある曼荼羅の中でも、金剛界曼荼羅はとくに重要視され、日本や中国のみならず、チベットやネパールでも数多く制作されました。

日本の金剛界曼荼羅の多くは、全体が縦横それぞれ三等分され、九つの部分からできています。そのため、このような形式の金剛界曼荼羅は「九会曼荼羅」とも呼ばれます。日本や中国以外の金剛界曼荼羅で、このような構造を持つ作例は存在しません。そこでは、この九会曼荼羅の中央の部分のみが描かれるのが一般的です。『真実摂経』そのものには、この部分を基本として、全部で二八種類の曼荼羅が説かれています。日本の九会の金剛界曼荼羅は、この二八種類の曼荼羅の一部を取り出して、組み合わせたものなのです。

金剛界曼荼羅は大日如来を中心とした三七の仏たちで構成され、金剛界三十七尊、あるいは成身会三十七尊と呼ばれます（図5－5）。金剛界曼荼羅の基本的構造は、中心とその四方に描かれる五つの円ですが、それぞれの中心には大日、阿閦、宝生、阿弥陀、不空成就の五仏が置かれます。そして、大日如来の周囲は四波羅蜜と呼ばれる四人の

四印会	一印会	理趣会
供養会	成身会	降三世会
微細会	三昧耶会	降三世三昧耶会

図5－4　金剛界曼荼羅　見取図

図5－5　金剛界曼荼羅　部分　成身会（愛媛・十地院）

女尊が取り囲み、同様に、四仏のまわりには四尊ずつ、合計すると一六尊の菩薩が配されます。これらの菩薩は十六大菩薩と総称されます。曼荼羅の四隅には、内側寄りに「内の四供養菩薩」、外側に「外の四供養菩薩」がいます。これらはその名のとおり、供養や供物を神格化した女尊です。最後に、曼荼羅の四方には四摂菩薩が門衛の役割を果たしています。

金剛界曼荼羅の主要な尊格は以上の三七尊ですが、そのまわりには賢劫尊が取り囲んでいます。賢劫とは「すばらしい時代」という意味で、この現在世を指します。この時代には千の仏が次々と現れるという信仰にもとづき、釈迦や弥勒などもその一部に組み込まれます。賢劫千仏のかわりに、弥勒や普賢などの伝統的な菩薩で構成される賢劫十六尊を描く場合もあります。賢劫千仏と賢劫十六尊は、本来は別の伝統に属しますが、金剛界曼荼羅では交代可能なグループとして扱われているのです。

これらの仏たちをすべてそのままの姿で描いた曼荼羅が基本となる曼荼羅で、「大曼荼羅」と呼ばれます。そしてこの大曼荼羅から、まず五種類の曼荼羅が作られます。五種類のうちのはじめの三つは、仏たちの持つさまざまな機能に焦点をあて、それを象徴的に表したものです。具体的には、仏の救済者としての側面を強調した「三昧耶曼荼羅」、仏の智慧を象徴した「法曼荼羅」、仏の活動を表す「羯磨曼荼羅」の三種類です。それぞれ表現方法に特徴があり、たとえば三昧耶曼荼羅では仏たちはシンボルで表現され、法曼荼羅ではいずれも禅定に入った姿をとり、智慧を象徴する金剛杵とともに描かれます。さらに、羯磨曼荼羅では諸尊はすべて女性の姿になります。ただし、いずれも大曼荼羅と同じ仏たちであり、その位置も同様です。

残りの二種類の曼荼羅は「四印曼荼羅」と「一印曼荼羅」と呼ばれ、基本となる大曼荼羅を簡略化した曼荼羅です。四印曼荼羅は大日如来を中心とする五尊のみで構成され、一印曼荼羅は一尊だけの曼荼羅です。この一尊に選ばれるのは『真実摂経』では金剛薩埵ですが、日本の金剛界曼荼羅では大日如来です。

以上の六種の曼荼羅は、総合的な曼荼羅に相当する大曼荼羅、仏たちの機能を強調した三種の曼荼羅、段階的に簡略化を進めた二種類の曼荼羅という三つのグループにまとめることもできるでしょう。

二八種の曼荼羅

さらに、この大曼荼羅から一印曼荼羅の六種の曼荼羅を一組にしたものが、全部で四セットあります（図5－6）。これは『真実摂経』に説かれる部族の数が、『大日経』の仏部、金剛部、蓮華部の三部から、摩尼部という部族を加えた四部になっているからです。摩尼

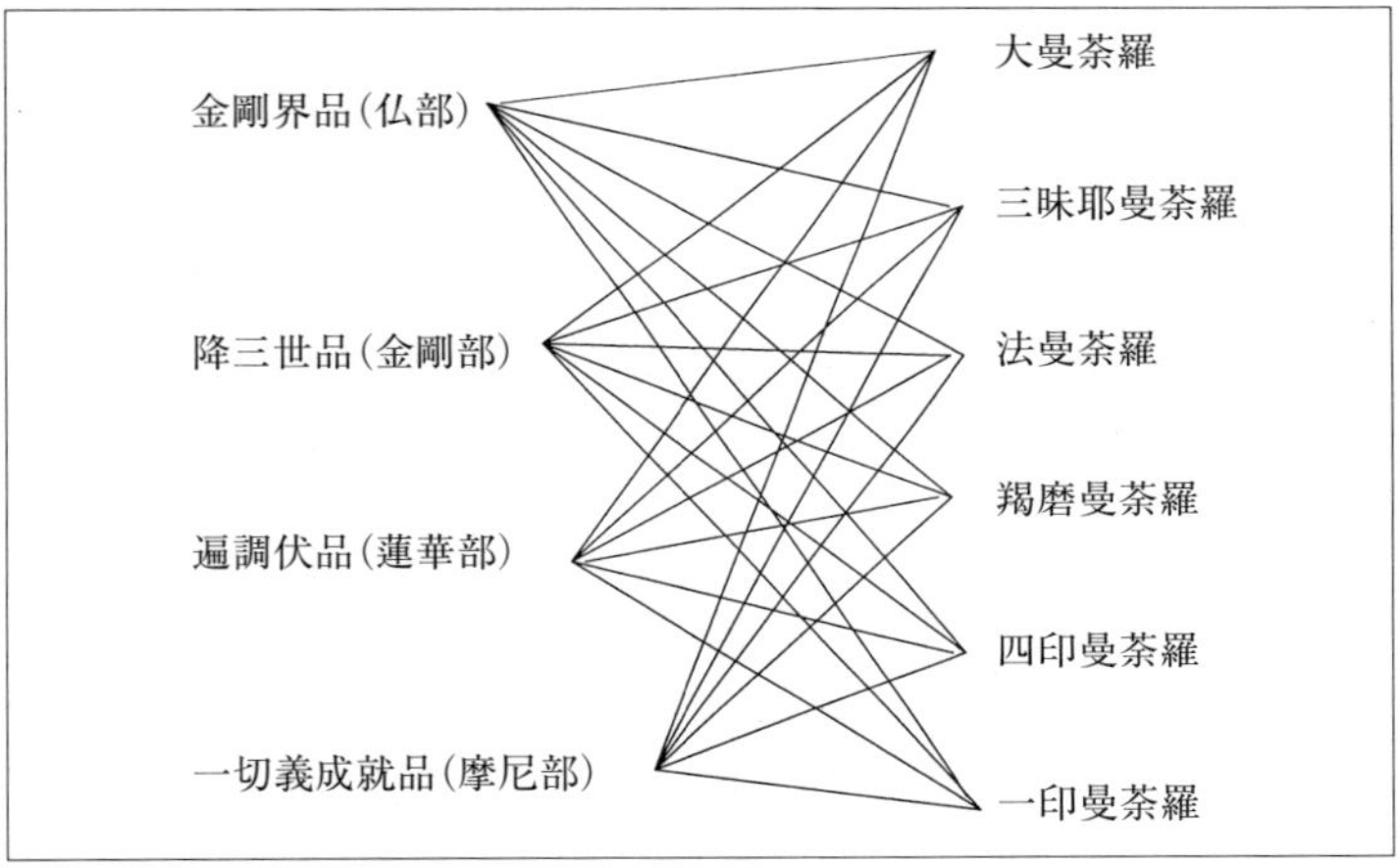

図5－6　四大品と六曼荼羅の対応

というのは宝石のことで、部族の代表には虚空蔵菩薩が選ばれました。これらの四つの部族はそれぞれが大曼荼羅以下の六種の曼荼羅を持ちます。曼荼羅内部のメンバーは部族ごとに異なり、たとえば、金剛部では忿怒形の仏たちが現れ、蓮華部ではその中心を占める観音にならって変化観音が多く登場します。ただし、四部のいずれの曼荼羅においても、大曼荼羅、三昧耶曼荼羅などの曼荼羅の種類が同じであれば、構成する仏たちの数や位置はすべて同じです。また、三昧耶曼荼羅であればシンボルで表すなどの表現方法も、四つのグループで共通です。こうして四部がそれぞれ六種類ずつの曼荼羅を有するため、二八種のうちの二四種類の曼荼羅ができあがります。

残りの四種類の曼荼羅は、仏教に改宗したヒンドゥー教の神々による曼荼羅です。『真実摂経』の「降三世品」を典拠とします。この章は『真実摂経』の中でも異色の内容を持ち、仏教への改宗をヒンドゥー教の神々に迫る金剛手の活躍が、ドラマティックに描かれます。ヒンドゥー教の神々は金剛手の恐るべき姿に恐れをなして、次々と改宗へと向かうのですが、首領である大自在天のみは頑強に拒みました。しかし、最後には金剛手によって踏みにじられて絶命させられた大自在天も、金剛手の足に触れたという功徳によって仏に生まれ変わることになります。この物語から金剛手は降三世明王と呼ばれるようになり、大自在天とその妻を足の下に踏んだ姿で表されます（図5－7）。

このようにして、外教の神々も仏教の仏となり、護法の役割を担うことになります。これらの神々も仏教の仏たちにならって曼荼羅を持ちます。そこでもやはり基本に大曼荼羅があり、これに三昧耶曼荼羅、法曼荼羅、羯磨曼荼羅が続きます。ただし、四印曼荼羅と一印曼荼羅はありません。三世の神々で構成されるため、この四種の曼荼羅は「三世輪曼荼羅」とも呼ばれます。前にあげた四つの部族の六種の曼荼羅二四種類に、この三世輪の四種の曼荼羅を加えることで、二八種類の曼荼羅ができあがるのです。

わが国の九会曼荼羅には、この二八種類のうちのはじめの八種類が描かれています。中央には基本となる仏部の大曼荼羅を置き、これを右回りに取り囲むように、仏部の残りの五つの曼荼羅が配されます。名称は成身会、三昧耶会、微細会、供養会、四印会、一印会という独自のものとなります。これに続く右上の理趣会は『真実摂経』の曼荼羅ではなく、同じ中期密教に属し、『真実摂経』とも密接な関係を持つ『理趣経』にもとづく曼荼羅です。残りの右の列の二つ、降三世会と降三世三昧耶会は、金剛部の大曼荼羅と三昧耶曼荼羅に相当します。理趣会を右上に加えたことで、仏部と金剛部のはじめの二つの曼荼羅がそれぞれ隣り合って並ぶことになります。おそらく、全体のバランスを考慮して、理趣会がここに挿入されたのでしょう。一七尊という比較的少ない尊数で構成される理趣会が、四印会、一印会と一列になることで、これらの部分も釣り合いがとれま

図5－7　降三世明王（香川・道隆寺）

す。なお、九会曼荼羅の場合、ヒンドゥー教の神々で構成される三世輪の曼荼羅は含まれませんが、上段の四印会、一印会、理趣会を除いた残りの六つには、賢劫尊のさらに外に、外金剛部二十天として彼らの姿も描かれています。

三　わが国における両界曼荼羅の系譜

請来本とその流れ

わが国に両界曼荼羅が伝えられたのは、大同元年（八〇六）弘法大師空海によります。二年間の長安滞在を終えて帰国に際し、師の恵果阿闍梨が宮廷画家の李真ら一四人に描かせた五点の曼荼羅を請来したと伝えられます。『御請来目録』には、請来された曼荼羅について以下のように記載されています。

大毘盧遮那大悲胎蔵大曼荼羅一鋪　七幅　一丈六尺
大悲胎蔵法曼荼羅一鋪　三幅
大悲胎蔵三昧耶略曼荼羅一鋪　三幅
金剛界九会曼荼羅一鋪　七幅　一丈六尺
金剛界八十一尊大曼荼羅一鋪　三幅

このうち、はじめの胎蔵大曼荼羅と四番目の九会曼荼羅が一対の両界曼荼羅で、ともに一丈六尺（約四メートル）の巨幅です。これらは一般に請来本と呼ばれ、日本の両界曼荼羅の歴史の中で、最も権威ある根本的な作品に位置づけられます。また、この系統の両界曼荼羅は、一〇世紀の真寂法親王の『諸説不同記』において「現図」と呼ばれ、以降、この名称が定着します。

空海が請来した五点の曼荼羅は、これらの両界曼荼羅を含め、いずれも現存しません。とくに両界曼荼羅については、帰国してのち一六年目の弘仁一二年（八二一）には「絹破れ、彩落ちて、尊容化なんとす」という状態になり、第一回の転写本が作成されました。これ以降、現図系の両界曼荼羅の流れは、転写の歴史になります。第一回の転写本は弘仁本と呼ばれますが、請来本と同様、これも現存しません。しかし、それよりもやや遅れて天長年間（八二四〜八三四）に作成された、いわゆる高雄曼荼羅が現存し、その祖本として請来本あるいは弘仁本が想定されることから、これらの散逸本の尊容や様式をうかがい知ることができます。

高雄曼荼羅という呼称は、空海が帰朝後、止住の許された高雄の神護寺で、同寺の灌頂堂に掛けるために制作されたことによります。請来本や弘仁本が彩色の曼荼羅であるのに対し、紫綾地に金銀泥で描かれる点に注意しなければなりません。このような形式は、灌頂や修法を行う際に独特の効果がもたらされたという説や、すでに奈良時代から同様の技法を得意としていた南都の仏師が制作にたずさわったという説、あるいは天皇などの高貴なものにのみ許された紫という色を基調にし、これに魔の調伏の機能を持つ金銀を用いて、国家鎮護の意図が込められているという説などが、これまでにあげられています。

高雄曼荼羅はその後、神護寺から仁和寺や高野山へと移され、ふたたび元暦元年（一一八四）に神護寺に戻されます。そして、剝落や褪色に耐えつつも大切に守られ、制作されて一二〇〇年近くたった今も、空海と同時代の仏たちの姿をわれわれに伝えてくれます。

なお、高雄曼荼羅は白描図として平安末以降、模写されることが多く、長谷寺本、高山寺本、醍醐寺本、石山寺本などを生みました。なかでも、長元七年（一〇三四）空海の二〇〇回忌のおりに兼意が模写したもの（現在は散逸）を、明治元年（一八六八）仁和寺塔頭皆明寺で開版されたのが著名な御室曼荼羅（通称、御室版）で、胎蔵界一八四枚、金剛界一一四枚の版木に起こされました。兼意本が作成された時代には、まだ剝落をまぬかれていた部分も多く、現在の高雄曼荼羅では見ることのできない尊容が含まれる点でも貴重です。

現存する請来本系の両界曼荼羅で、高雄曼荼羅に次いで古いのは、「血曼荼羅」の名で知られる高野山金剛峯寺所蔵の作品です。両界いずれの幅も縦横四メートル前後の大幅で、かつては高野山の金堂の内陣に掛けられていました。現在は霊宝館に収蔵されていますが、特別展などにもときおり出展されます。血曼荼羅という名称は、仏師常明が胎蔵界の中尊の大日如来を描くときに、平清盛の頭の血を絵の具に混ぜて、その宝冠を描いたと伝えられることによります。『平家物語』巻三に見られるこの伝承が史実であるかは定かではありませんが、久安五年（一一四九）に焼失した高野山の大伽藍を、平忠盛の指揮のもとで再興したときの制作であることは確実です。平清盛はそのときの事実上の施主であったとされます。

血曼荼羅には制作年代である平安後期の仏画の趣も認められますが、高雄曼荼羅に残る請来本の姿が全般的にほぼ忠実に再現されています。高雄曼荼羅が金銀泥絵であるのに対し、血曼荼羅は請来本や弘仁本と同じ彩色本であることも貴重です。

東寺に伝わる曼荼羅

血曼荼羅にわずかに遅れて、建久二年（一一九一）に弘仁本から転写された由緒正しい両界曼荼羅が残されています。第二回転写本に相当し、建久本とも呼ばれていますが、一般には甲本の名で広く知られています。本作品は昭和二九年（一九五四）における東寺宝蔵の解体修理の際に、その屋根裏から発見されたもので、同時に見つかった他の二点の曼茶羅と区別するために甲本と呼びます。残る二本は乙本と永仁本と名づけられました。

甲本はこのときに見つかった三点の中では最も残存部分が多いのですが、それでも両幅とも全体の下からほぼ三分の一はすでに失われ、また胎蔵界に比べて金剛界はさらに破損が進んでいました。曼荼羅を納めていた箱の中には、これらの破片が散乱した状態でしたが、ていねいに拾い集められ、かなりの原形を復するまでにいたりました。近年では本格的な修復も完了し、限られた範囲ですが、かつての鮮やかな姿がよみがえりました。

甲本に残る尊格表現を高雄曼荼羅のそれと比較すると、全般に忠実に継承されていることが確認されます。しかし、細部の表現や体つきなどには、制作年代の特徴も顕著であるとされます。また、転写本であるがゆえの形式性や硬さが忍び込んでいることも、やむをえないことでしょう。しかし、残存状態のよい胎蔵界の中台八葉院などでは、バランスのとれた体躯や整った面貌、華麗な衣装や装身具が、きわめて優美な筆致で描かれていて、見るものを飽きさせません。東寺に伝わる正系曼荼羅の最古の彩色本として、この上なく貴重な作品なのです。

なお、甲本の作者としては東寺の寺誌である『東宝記』に見られる記述から、詫間勝賀とされることが多いのですが、これは『東宝記』を著した杲宝による誤記で、明確にすることはできないという説も、最近示されています。

建久本に次いで行われた第三回転写本が、甲本とともに発見された永仁本です。制作年代は、曼荼羅を納めていた箱の蓋に、永仁四年（一二九六）の年代があることから、これを完成年の下限とすると、甲本のほぼ一〇〇年後となります。発見された三点の曼荼羅の中では最も破損がはなはだしく、彩色はほとんど剝落し、尊形の輪郭線がわずかに残るにすぎません。様式的には鎌倉後期の絵画に共通する特徴が認められると言われます。

東寺における両界曼荼羅の正統な転写は、永仁本の後ながらく行われませんでしたが、その約四〇〇年後の元禄六年（一六九三）に、五代将軍綱吉の生母桂昌院が施主となって、絵仏師宗覚の手によって行われました。しかし、祖本となった永仁本がすでに破損が著しく、尊容も明確ではなかったので、『諸説不同記』にもとづいて制作されました。そのため、細部においてそれまでの正系曼荼羅とは、相違点が見出されることになります。弘仁本から数えて第四転写本となるこの両界曼荼羅が元禄本で、現在でも東寺灌頂院で行われる重要な儀式である後七日御修法において用いられています。

異国情緒の西院本

これまで、空海請来本とそれに連なる正系の両界曼荼羅を見てきましたが、それとは異なるグループの作品がいくつか存在します。なかでもとくに重要なものが、東寺に伝わる西院本の両界曼荼羅です。

昭和九年（一九三四）に東寺の宝蔵から発見されたこの曼荼羅は、三幅（絹三枚継ぎ）からなり、両界とも縦一八五センチメートル、横一六三センチメートル程度の小幅本です。東寺では後七日御修法で用いられたという寺伝により、この修法の行われた宮中の建物の名称から「伝真言院曼荼羅」と呼ばれてきました。しかし、実際は『東宝記』西院の条で言及される西院の三幅彩色本にあたると見るのが定説となってきています。この曼荼羅が後七日御修法で用いられたのは、真言院の両界曼荼羅が安元三年（一一七七）に焼失した後の治承二年から四年（一一七八～一一八〇）に限られます。そのため、近年では「西院本」という名称が定着してきました。

西院本の重要な点は、現存する最古の彩色の両界曼荼羅であることです。しかも、きわめて保存状態が良好で、制作当初の鮮やかな色彩を今に伝えています。諸尊の表現は独特で、円に近い丸顔、切れ長の鋭い目、小さな鼻、連なった眉が表情の特徴として見られます。肉付きのよい丸みを帯びた体軀と、広くて厚い胸板と、それに比して極端にまで締まった腹部なども印象的です。顔の表情に濃い朱の隈取りを入れ、肉身や着衣にも照隈《てりぐま》を加えて、鮮やかさが強調されています。全体に官能的とも言える優美さをそなえ、異国的な情緒にあふれています。

これらの特徴は請来本系の両界曼荼羅にはまったく認められず、西院本が異なる系統に属することを明らかに示すものですが、さらにいくつかの尊の図像上の特徴や、画面構成の点にも顕著な相違があります。

わが国へ彩色の両界曼荼羅を請来したものには、空海のほかに円珍と宗叡がいます。西院本が空海請来本と異なる系統であるとすると、円珍、宗叡いずれかの請来本に該当することになります。このうち、『諸説不同記』が伝える宗叡の曼荼羅に関する記述は、西院本の特徴に一致しません。そこで残るのは円珍の請来本で、在唐の大中九年（八五五）、長安の龍安寺で制作させたと伝えられる両界曼荼羅図絵が有力な候補となります。この両界曼荼羅は円珍帰朝の翌年である天安二年（八五八）に、清和天皇の天覧に供し、収領されたと言われます。ただし、このときの請来本は大幅本で、小幅本の西院本とは合致しません。そのため、円珍請来本を祖本とし、これを小幅本として描かせたのが本作と見なされます。そのときに制作にあたったのが、清和天皇の信任が厚かった宗叡です。作品全体にただよう異国的雰囲気も、西域との交流が盛んであった当時の唐に祖を求めることで、説明がつくことになります。

西院本の周辺

西院本両界曼荼羅の流れをくむ遺品に、醍醐寺五重塔の初層壁画があります。掛図形式の曼荼羅ではなく、真柱の覆い板、四天柱、外陣の連子窓やその下の腰の羽目板、四方の扉などに、両界曼荼羅の諸尊が描かれています。密教系の寺院の多宝塔や五重塔などにおいて、その内部構造に曼荼羅の諸尊を安置したり絵画として描くことは、高野山の根本大塔や金剛三昧院多宝塔、大分の富貴寺本堂など多くの遺例があります。仏塔が仏教のコスモロジーと密接に結びついた構造物であることは、その発祥の地であるインドをはじめ広く認められますが、仏の世界を描いた曼荼羅は、とりわけその構造に重ねやすいのです。

その中で醍醐寺五重塔の壁画群は、創建時の天暦五年（九五一）と同時期の作で、類例の中でも最古の作として名高いものです。諸尊の特徴は西院本のそれに近く、比較的濃い彩色を施し、要所には隈取りを加えるなどの表現方法も共通します。

甲本や永仁本とともに発見されたもう一組の両界曼荼羅乙本も、現図系ではなく西院本に類似した表現方法をとります。金胎ともに全体の三分の一程度が断片化されて残されているにすぎませんが、鮮やかな彩色がよく保たれています。そこに見られる円満な顔立ちや豊かな肉付きの体軀などは、西院本に近い雰囲気を示します。ただし、図像の細部や諸尊の構成は両者の間で一致しない点も見られ、忠実な転写ではありません。様式の特徴や

『東宝記』の記述などから、鎌倉時代末頃の制作と考えられています。

奈良の古刹子島寺に伝わる両界曼荼羅は、紺綾地に高雄曼荼羅などと同じく金銀泥で描かれ、子島曼荼羅の名でつとに知られています。現図系の曼荼羅よりも若干、規模が小さいのですが、それでも幅約三メートル、長さ約三・五メートルの堂々たる大幅です。金銀泥という描法は共通しますが、諸尊の特徴は現図系の両界曼荼羅とは一致せず、配置に関しても大きな相違があり、その系統は明らかになしえません。表現方法にはインドや西域の技法を思わせる細かい衣紋の表現などが用いられ、独特の雰囲気を醸し出しています。制作は平安後期で、高雄曼荼羅などに比べ、平明で優美さを強調した様式です。近年の研究で、子島寺が密教寺院として発展する基礎を築いた一〇世紀の僧・真興が、その制作に深く関与したことが明らかになってきています。真興の追善供養として、毎年、この曼荼羅を用いた曼荼羅供が行われていたことも推測されています。

このほかの両界曼荼羅の重要な遺品としては、請来本との結びつきの認められる上杉神社本、醍醐寺本（いずれも平安時代後期）、兵庫・太山寺本や奈良国立博物館本（この二つは、後述する八十一尊曼荼羅の形式の金剛界が用いられます）、胎蔵が台密系と目される四天王寺本などがあります。また、灌頂の儀式に実際に用いられた敷曼荼羅で、平安時代末にまでさかのぼる古例が東寺に伝わります。大壇上に広げて用いられるため、すべての仏たちが中心を向くように放射状に並べられています。尊容は優美で、すぐれた絵師の手になることをうかがわせます。

胎蔵曼荼羅の尊像集

これまで見てきた両界曼荼羅とは異なる形態を有する諸本を簡単に述べておきましょう。胎蔵曼荼羅については、台密の円珍の請来した『胎蔵図像』と『胎蔵旧図様』が重要です。台密では開祖最澄が伝えた密教が、空海の真言密教に比べて特異なもの、言い換えれば不完全なものであったため、後継者たちはそれを補うために、それまで日本に伝えられていない密教図像の請来につとめました。円仁や円珍らによってこうして集められた新種の密教図像は、奇しくも、空海が伝えたものよりも古い形式の作品を数多く含んでいました。胎蔵系のこれら二種の資料もその一部です。

『胎蔵図像』は胎蔵曼荼羅の諸尊を横長の紙に描き並べたもので、その末尾に善無畏三蔵（六三七～七三五）の姿を描き、善無畏訳出の由来も記されています。このことから、『大日経』を中国にもたらした善無畏によって、インドから伝えられたと考えられています。『胎蔵図像』に描かれた諸尊から曼荼羅の形態を復元すると、現図曼荼羅とは大きな違いがあることがわかります。尊格数が現図に比べてはるかに少なく、全体に左右の対称性も徹底されていません。曼荼羅の構成上の最も大きな違いは、現図では遍知院の上、東方にある釈迦院と、その外側にある文殊院が入れ替わっており、しかも釈迦院は外金剛部院と連続しています。さらに、文殊院の内側には守門神的役割を持つ四大護院が加わります。これらは『大日経疏』などの善無畏が伝える諸本に共通して見られる特徴で、善無畏系の胎蔵曼荼羅として、現図などよりも古い形態と考えられています。

これに対し、もう一方の『胎蔵旧図様』では、むしろ現図に近い形式が認められます。すなわち、釈迦院を第三重に描き、文殊院は第四重にあります。しかし、第三重のうち、釈迦院が位置する東を除く三方は外金剛部院となり、さらに曼荼羅全体の最も外側である第五重にも、もう一度、外金剛部院が表されています。このような形式の胎蔵曼荼羅は、不空の訳とされる『都部陀羅尼目』の中で簡単に説かれることから、不空とその師である金剛智が伝えた胎蔵曼荼羅ではないかと考えられています。

現図の胎蔵曼荼羅は、『胎蔵旧図様』に見られる外金剛部院の重複した配置を解消した形態を持ち、これが中国密教では主流となりました。空海の請来本のみならず、多くの入唐僧が師事した法全の撰になる諸文献にも、現図とほぼ同じ構成の胎蔵曼荼羅が説かれていることからも、それがわかります。

『胎蔵図像』と『胎蔵旧図様』の持つ意義は、『大日経』の原・胎蔵曼荼羅から、現図の十二大院からなる曼荼羅への発展過程を示すことにあります。しかも、すでに『胎蔵図像』の段階において、『一字仏頂輪王経』や『不空羂索神変真言経』などの『大日経』以外の密教経典から、多くの尊像が導入されたことも知られています。胎蔵曼荼羅の形態や構成が硬直したものではなく、時代とともに変化し発展していったことを表します。これは同時に、『大日経』の段階では、曼荼羅という仏の世界図が未だ発展途上にあったことも示しているようです。

形式の異なる金剛界曼荼羅

『大日経』に比べて曼荼羅についての理論が格段に整備された『真実摂経』では、曼荼羅の形態が大きく変化することはありません。しかし、現存する遺品の中には九会曼荼羅とは異なる形態や特徴を持つものがいくつか認められます。その代表的なものに八十一尊曼荼羅があります。

空海の『御請来目録』には「金剛界八十一尊大曼荼羅　一鋪」が含まれていますが、これは現在伝わっていません。現存する作例は、いずれも台密の寺院に伝えられたもので、代表的なものに旧・金剛輪寺灌頂堂の本尊であった根津美術館本や、兵庫・太山寺本、奈良国立博物館本（旧・福岡東光寺本）、胎蔵界曼荼羅と一具となった文化庁本があります。

八十一尊曼荼羅は一会からなる曼荼羅で、九会曼荼羅の中心にある成身会に相当します。これは『真実摂経』の四大品に説かれる二八種の曼荼羅の筆頭にあげられる「金剛界大曼荼羅」でもあります。金剛界の曼荼羅群の代表としてこの曼荼羅を描くことは、後述のチベットでは一般的で、おそらくインドでも同様であったでしょう。金剛界品の六種の曼荼羅に『理趣経』から理趣会を加え、さらに降三世品の二種の曼荼羅のみを組み合わせて作った九会の曼荼羅の方が、金剛界曼荼羅の全体像から見れば、およそ特異なのです。

八十一尊曼荼羅の八一尊というのは、成身会の三七尊に四大神（地天、水天、火天、風天）、賢劫十六尊、外金剛部二十天、四大明王を加えた数です。尊像の図像学的な特徴として最も顕著な点は、中央の大日如来が菩薩形で、有翼の七体の獅子に乗り、四方四仏が如来形で宝冠をいただき、いずれも七体ずつの動物に乗ることです。いわゆる鳥獣座と呼ばれるもので、しかも中央の獅子と同様、阿閦の象や宝生の馬にも羽が生えています。阿弥陀の孔雀、不空成就のガルダにはもともと翼があります。さらに、四波羅蜜、十六大菩薩、内外の八供養菩薩も、各方位に相当する有翼の鳥獣に乗った姿で描かれます。

このような鳥獣座は、金剛界曼荼羅の諸尊を描いた『五部心観』にも見られます。この作品は末尾に善無畏三蔵が香炉を持って坐る姿で描かれ、善無畏系の金剛界の白描集と考えられ、金剛智、不空、そして恵果から空海へという金剛界曼荼羅の系統とは異なります。

全体は横長の巻子本で、上段には各尊の姿を描き、中段にはそれぞれの真言が悉曇で記され、さらに下段には、三昧耶形と契印などが描かれています。描かれているのは金剛界品の六種の曼荼羅の仏たちです。諸尊が鳥獣座に乗るのは、このうちはじめの大曼荼羅のみです。三昧耶曼荼羅では諸尊の三昧耶形を胸の前に捧げる姿をとり、法曼荼羅は、禅定の姿をとった胸の前に、金剛杵が直立した形で描かれています。羯磨曼荼羅では五仏を除く三二尊が、いずれも女性の姿で描かれています。一印曼荼羅として描かれる尊は、九会曼荼羅とは異なり、大日如来ではなく金剛薩埵ですが、むしろこれは『真実摂経』の記述に忠実です。

四　アジア各地の両界曼荼羅

インド

曼荼羅の成立したインドには、日本の曼荼羅で一般的な絵画形式の作品は残っていません。しかし、曼荼羅の尊格構成を反映した彫像作品がわずかに確認され、これを「曼荼羅的な作品」と呼ぶことができます。その代表的なものに、オリッサ州カタック地区の代表的な遺跡、ウダヤギリの四体の仏坐像があげられます。ウダヤギリ遺跡のストゥーパ跡から発見され、おそらく、ストゥーパの東西南北に安置されていたと推測され、現在はそのように復元されています。

これらの四枚のパネルに表されているのは、阿閦、宝生、阿弥陀、そして胎蔵曼荼羅の中尊の姿をした大日如来（図5－8）です。はじめの三尊は金剛界の三方の如来に、印相も一致しています。北方にくるべき不空成就にかわって胎蔵大日が登場する理由は明らかではありませんが、金剛界と胎蔵界の二種の曼荼羅が、この地で同時期に流布していたことは少なくとも確認できます。さらに、これらの四尊の仏たちは、左右に脇侍菩薩を従えていますが、その八尊の顔ぶれは、弥勒や観

図5－8　胎蔵大日如来坐像（ウダヤギリ遺跡、オリッサ）

音などの八大菩薩です。胎蔵界の大日如来と、胎蔵曼荼羅と関係の深い八大菩薩が、同一の作品群に登場することに、大きな意義があります。

このような組み合わせの作品は、ほかには例を見ませんが、胎蔵大日がカタック地区で広く知られていたことは、ウダヤギリ以外にもラトナギリやラリタギリから単独像が何点か出土していることから確認できます。ラトナギリからは、本尊として胎蔵大日を安置し、その左右手前に向かい合う形で金剛法と金剛薩埵を配した祠堂があります。胎蔵曼荼羅の第一重に相当する中台八葉院、蓮華部院、金剛手院から、中心尊のみを取り出した組み合わせです。また、ラリタギリからは八大菩薩を一体ずつ刻んだ等身大の作品が、不完全なものも含め三セット発見されています。ただし、これが曼荼羅を意識した作品であったかは明らかではありません。

ウダヤギリからは金剛界曼荼羅を反映した大日如来像も出土しています（図5－9）。宝冠をいただき、智拳印を結び、瓔珞をはじめとする装身具を飾る若々しい男性の姿で表現され、宝冠からたなびく冠帯が、はつらつとした印象を与えます。この像の光背の上部左右と、台座の同じく左右には、合計四体の女尊像が置かれています。その持物から、金剛香以下の外の四供養菩薩に比定されます。その配置も、左上を東南とすると、金剛界曼荼羅と正確に一致します。中央の如来像が金剛界大日如来であることはたしかで、金剛界曼荼

図5－9　金剛界大日如来坐像（ウダヤギリ遺跡、オリッサ）

羅の構造を知る者が、五尊のみを取り出して作り出した作品であることがわかります。

インドからはこのほかに、金剛界の五仏を一列に並べた作品や、光背の上部に同じく五仏を刻んだ作例が存在しますが、いずれも曼荼羅と見なすことはできません。

チベットの胎蔵曼荼羅

日本以外の地で、胎蔵曼荼羅の作例が唯一残されているのはチベットです。その構造は日本の十二大院とは一致せず、『大日経』に説かれる原初的な形態に近いものです。『胎蔵図像』や『胎蔵旧図様』との構造上の類似も認められます。

チベットに現存する胎蔵曼荼羅の代表的な作例は、一九世紀末にサキャ寺の名刹ゴル寺で制作された『タントラ部集成』の中の一点です。このコレクションは一三九点の彩色曼荼羅で構成され、その二〇番に胎蔵曼荼羅が現れます。コレクション全体が作、行、瑜伽、無上瑜伽のタントラの分類にもとづき、このうちの行タントラの曼荼羅のひとつとして描かれました。制作年代は比較的近年ですが、チベットにおける曼荼羅研究の重要な拠点であったゴル寺において制作されただけあって、儀軌に忠実な正統的な遺品です。なお『タントラ部集成』には金剛界曼荼羅として、二二番に金剛界大曼荼羅が、二三番に降三世大曼荼羅が含まれています。

このほかに胎蔵曼荼羅の遺例としては、富山県［立山博物館］が所蔵するタンカ（チベットの仏画）があります（図5－10）。『タントラ部集成』とは一部一致しない部分があり、チベットにおいても胎蔵曼荼羅の伝承に諸派があったことをうかがわせます。また、中央チベット南部の要衝の地ギャンツェにあるペンコルチューデの仏塔には、第二層の普賢堂と不空羂索観音堂の二堂に、胎蔵曼荼羅の諸尊を抜き出して配列した壁画があります。曼荼羅そのものではありませんが、チベットにおける数少ない胎蔵曼荼羅の絵画作品として

図5−10　胎蔵曼荼羅（富山県［立山博物館］）

重要です。制作年代は仏塔そのものの建立時期である一五世紀中頃と見られます。

チベットの金剛界曼荼羅の代表例

一方の金剛界曼荼羅は、インドやチベットの密教の伝統では、瑜伽タントラの代表的な曼荼羅と見なされ、また無上瑜伽タントラの多くの曼荼羅にとって、ひな形のような存在であったため、多くの作品が残されています。年代と地域に留意しつつ、代表的なものを列挙しておきましょう。

最初にあげなければならないのは、ラダックのアルチ寺三層堂の壁画として描かれた金剛界曼荼羅でしょう(図5－11)。一二世紀後半あるいは一三世紀前半の創建と推測される三層堂は、ラダックの数ある仏教寺院の中でも、最も古い層に属し、その優美にして華麗な壁画は、チベットの仏教美術の傑作のひとつとして、よく知られています。三層堂の二階部分には、四方に大小合わせて一〇種の金剛界曼荼羅が描かれています。これらは金剛界品に説かれる六種の曼荼羅、すなわち大、三昧耶、法、羯磨、四印、一印に相当します。六種ではなく一〇種であるのは、五仏それぞれがひとつずつの四印曼荼羅を持つためです。また一印曼荼羅が大日の単独の曼荼羅ではなく、金剛薩埵を中心とし、その周囲に四波羅蜜、八供養菩薩、四摂菩薩の一六尊を加えた一七尊で構成される特徴を持ちます。

ラダックにはこのほかにチャチャプリ寺とマンギュ寺に、それぞれ金剛界大曼荼羅の壁画の古例が残ります。作品の質はアルチ寺三層堂の壁画には及ばないものの、中央チベットにはこれほどの古様を示す作品は残されていません。

ラダックを含む西チベットは、チベットにおける仏教の再興期に貢献のあったリンチェンサンポが活躍した地域です。彼は瑜伽タントラの学匠として名をはせ、『真実摂経』をはじめこのクラスに属する経典の翻訳を数多く行っています。そのため、西チベットには金

図 5-11　金剛界曼荼羅（アルチ寺三層堂、ラダック／撮影者：加藤敬・高野山大学チベット文化研究会）

剛界曼荼羅の古い作例が比較的豊富です。

一九九〇年代前半に新たに発見されたトゥンガル遺跡もそのひとつです。中国領内の最西端に位置し、チベット仏教寺院には珍しい石窟寺院です。トゥンガルの第一窟は、入口を除く三方に曼荼羅の壁画があり、そのうち、入って左側の西壁には二種の金剛界曼荼羅が左右に並んで壁面いっぱいに描かれます。向かって左が金剛界大曼荼羅、右が降三世大曼荼羅です。ここでも胎蔵曼荼羅はまったく登場しません。

ラダックの南に位置し、現在、インドのヒマーチャル・プラデーシュ州に含まれるスピティ地方も、西チベットの重要な一角を占めています。スピティ地方を代表する仏教寺院タボ寺では、本堂（ドゥンカン）に懸仏のような形で金剛界曼荼羅の諸尊の塑像が安置されています。中尊の大日如来のみは、堂内のやや後陣寄りに置かれ、これをぐるりと一列に取り囲むように、三七尊中の三二尊が壁に固定されています。三二尊であるのは、大日如来とその周囲にいる四波羅蜜を除くためです。四波羅蜜は尊格の姿ではなく、三昧耶形で壁面に描かれます。

胎蔵曼荼羅のところでもふれたギャンツェのペンコルチューデ仏塔は、金剛界曼荼羅群の壁画があることでも有名です。この仏塔は下層から上層に向かって作タントラから無上瑜伽タントラにいたる密教の発展段階に対応するように、尊像や壁画が配置されています。

図5−12　一切義成就羯磨曼荼羅（ペンコルチューデ仏塔、ギャンツェ／撮影者：正木晃）

このうち、第五層が瑜伽タントラに相当し、四方に作られた四つの部屋の、北を除く三室に金剛界曼荼羅の壁画があります（図5−12）。その数は四四種にものぼります。四四という数は、『真実摂経』の金剛界品から一切義成就品にいたる四大品すべての曼荼羅に相当します。二八種ではなく四四種であるのは、アルチ寺の三層堂と同様、四大品がそれぞれ五種類ずつの四印曼荼羅を持つためです。四印曼荼羅と一印曼荼羅を持たない降三世品の外金剛部の曼荼羅は、四種のままです。このような金剛界曼荼羅の数え方は、『真実摂経』に注釈を著したインドの学僧アーナンダガルバによるものです。

ペンコルチューデ仏塔の金剛界曼荼羅は、『真実摂経』諸説のすべての曼荼羅を描いたものとしては、おそらく世界で唯一の作例です。しかも、その制作技術の水準はきわめて高く、一五世紀半ばの中央チベットの基準作としても、この上なく貴重です。それまで、チベットに強い影響力を持っていたネパールの仏教絵画の伝統を十分に咀嚼したうえで、チベット独自の様式へと昇華させているのです。

ペンコルチューデ仏塔とほぼ同じ時期の建立とされる、ムスタンのチャンバラカン（弥勒堂）にも、金剛界曼荼羅の壁画群があります。一四種を数え、四大品の各大曼荼羅が四種、同じく羯磨曼荼羅が四種、そのほか、三昧耶曼荼羅の一種と四印曼荼羅が四種あります。このほかに金剛界曼荼羅を一種のみ描いた作品もあり、全体で一四という数になります。最後の一点を除く一三点は、ひとつのまとまりを持っていますが、二八種あるいは四種の中から、この一三点を取り出した意図は明らかではありません。

インドネシア

現在では上座部仏教のイメージの強い東南アジアにも、密教が伝えられ、隆盛を誇っていた時代がありました。インドネシアのジャワ島では、七世紀から一〇世紀頃にかけてこの地を支配したシャイレンドラ王朝の時代に相当します。

インドネシアを代表する仏教遺跡ボロブドゥールは、早くから世界遺産にも登録され、海外から多くの観光客がおとずれています。方形の基壇部の一辺が約一二〇メートルで、全体がピラミッド状の威容を誇るこの巨大建造物は、しばしば「立体曼荼羅」と形容されます。しかし、実際は密教の曼荼羅のように特定の経典にもとづいた仏たちの世界を表しているわけではなく、欲界、色界、無色界という仏教的世界観と結びつきを持ちます。そのため世俗的な物語や釈迦の生涯を描いた仏伝、さらに『華厳経』に説かれる善財童子の物語が浮彫りとして、下層から中層にかけての部分を占めています。上層部の無色界には、このような物語的な作品は見られず、それにかわって釣り鐘型の数百の祠堂が置かれ、特定の印相を示す仏像が一体ずつ安置されています。この印相を見てみると、東は触地印、南は与願印、西は定印、北は施無畏印と、順に阿閦以下の金剛界の四方の仏の印に一致しています（図5－13）。

図5－13　阿閦（ボロブドゥール出土、ジャカルタ国立博物館）

図5−14　金剛薩埵坐像（ジャカルタ国立博物館）

ボロブドゥールを設計した者にとって、無色界に広がる仏の世界は、金剛界曼荼羅の構造に重なるものだったのでしょう。

ジャカルタ市内にある国立博物館には、金剛界曼荼羅の諸尊をブロンズで一体ずつ表した作品が収蔵展示されています（図5－14）。金剛界の三七尊全体はそろっていませんが、獅子を台座の中央に置き、智拳印を結ぶ大日如来をはじめ、四仏や十六大菩薩などの尊像が確認できます。このほかにも、インドネシアからは曼荼羅の尊格を表したブロンズ像のセットがいくつか見つかっています。その明確な用途は明らかではありませんが、曼荼羅の輪郭線を地面に描き、各尊を所定の場所に置いた一種の立体曼荼羅を形成していたのかもしれません。インドの密教儀軌には、このような彫像の曼荼羅も、灌頂などの曼荼羅として用いるという記述があります。

新たに発見された中国の遺品

日本密教が範を求めた中国からは、すでに唐代密教に関わる遺品がほとんど失われてしまっています。わずかに、不動明王などの彫像が奇跡的に発掘されたことはありますが、曼荼羅に関しては、遺品は皆無とされてきました。ところが一九八〇年代後半に、西安市の西約一一〇キロメートルにある法門寺から地下宮殿跡が発見され、ここから曼荼羅に関係する唐代密教の出土品が現れたことで、大きな話題となりました。

金剛界曼荼羅に関する作品は二つあります。ひとつは八重宝函と呼ばれる入れ子式の舎利容器で、その第五重の宝函には、頂蓋部に大日如来と四波羅蜜、内の四供養菩薩、さらにそのまわりには外の四供養菩薩と四摂菩薩が浮彫りで表されています。側面の四面には、それぞれ四仏の中の一尊とそれを取り囲む親近菩薩たちが配され、全体で四仏と十六大菩薩となり、宝函全体で金剛界の三七尊が描かれていることになります。ただし、頂蓋部の周辺には、日本の仏眼曼荼羅などに含まれる八大明王の姿も登場し、純粋に金剛界の仏たちだけでできあがっているのではありません。

金剛界曼荼羅を意識したもうひとつの作品は、奉真身菩薩像、すなわち舎利を捧げる菩薩像で、蓮華を模した台座部分に、やはり金剛界の諸尊の姿が刻まれています。菩薩がひざまずく台座の表面部には、金剛界五仏を象徴する文字を置き、以下、上から順に四波羅蜜、内の四供養菩薩、外の四供養菩薩、四摂菩薩、十六大菩薩となって、三七尊がすべてそろうことになります。そして、さらにこれらの下には四天王、八大菩薩（種子で表す）、八大明王の姿も確認できます。八重宝函の場合と同様、金剛界曼荼羅の諸尊を基本としながらも、他の曼荼羅からも仏たちを加えた独特の構成をとっていることがわかります。

唐代密教の両界曼荼羅の遺品としては、このほかにわが国に残る板曼荼羅があります。高野山に伝わる作品で、両界曼荼羅が一組と、いずれも胎蔵曼荼羅を刻んだ作品が二点あります。後者はそれぞれを区別するために、甲面と乙面という呼称が与えられていますが、その構成から、おそらく現図以前の古い胎蔵界の形態を残していると考えられます。また、甲面には取っ手がついており、乙面にもおそらく、かつては同じように取っ手がついていた痕跡があることから、灌頂などの儀礼で、手に取って用いられたことが予想されますが、具体的な使途は明らかではありません。

五　両界曼荼羅をどうとらえるか

動と静

胎蔵界と金剛界の二種の曼荼羅を組み合わせて、両部あるいは両界曼荼羅として扱うようになったのは、おそらく唐代の中国密教においてでしょう。空海が恵果をたずね、両部の大法を伝授された青龍寺では、この二種の曼荼羅が東西に対に掛けられていたと推測する研究者もいます。神護寺や東寺の灌頂院、高野山の伽藍の金堂などで現在でも見られる形式です。

本来は起源も典拠も異なり、形式の点でも大きなへだたりがある胎蔵界と金剛界の曼荼羅が、「二つでひとつ」として扱われたことは、日本における曼荼羅のとらえ方に決定的な意味を持ちます。そこでは、同一レベルにあり相反する二つの概念や、相互補完的な二つの原理などが、二種の曼荼羅に配当されます。すなわち、心と形、理と智、慈悲と智慧、般若と方便などです。曼荼羅は本来、一つで「全体」を表す表象モデルであるにもかかわらず、その全体が二元的にとらえられ、一つの曼荼羅はその半分を示すにすぎなくなっているのです。

日本における曼荼羅の独自の解釈には、曼荼羅の構造を動的にとらえようとする特徴があります。

金剛界曼荼羅の場合、中心の成身会からはじまり、その下の三昧耶会から順次、右回りに進み、右下の降三世三昧耶会へといたる向下門と、逆に右下から中心へと向かう向上門を立て、前者を「仏からの救済」、後者を「衆生の修行階梯」ととらえます。仏からの働きかけと、衆生の努力の両者が、九会の中に表されていると考えるのです。本来、九会という構造を前提としない『真実摂経』の二八種の曼荼羅のシステムからは、ほとんど導き出されることのない解釈です。このような考え方は、曼荼羅を固定的な構造物としてよりも、時間的に変化するものとしてとらえるものです。

もう一方の胎蔵曼荼羅では、『大日経』の「住心品」に説かれる「三句の法門」から、曼荼羅の中の動きが説明されます。三句の法門とは「菩提心を因と為し、大悲を根本と為し、方便を究竟と為す」という三項目からなる教えですが、胎蔵曼荼羅の十二大院を、初重、第二重、第三重という同心円的な構造にまとめなおし、初重から順に因（菩提心）、根（大悲）、究竟（方便）に当てはめるのです。このうち、初重は中台八葉院とその周囲の四つの院で、第三重は一番外側の外金剛部院、そして第二重は両者にはさまれた六つの院に相当します。ここでも中心の仏の智慧が、初重、二重、三重へと順に展開し、逆にそれらを外から内にたどることで仏の智慧に到達するという、二つのプロセスが読み込まれています。しかし、現在の十二大院の構造は『大日経』そのものから作られたものではなく、胎蔵曼荼羅の歴史的発展において徐々に形成されたものであることは、すでに見たとおりです。

経典では意図していない構造から、経典の内容を表現したと解釈することには無理があるでしょう。

曼荼羅をどうとらえるか

曼荼羅を静的なものとして構造的にとらえるか、あるいは動的な変化を表すものとしてとらえるかは、おそらくインドと中国・日本における世界のとらえ方の違いによるものでしょう。インドでは古代ウパニシャッドの時代から、「梵我一如」に代表されるように大宇宙と小宇宙の構造に関心を向け、創世神話を伝え、須弥山世界に代表される壮大なコスモロジーを有していました。しかし、その一方で「歴史書なき国」と呼ばれるように、過去の出来事を時系列の中でとらえたり、現在の記録を後世に託すという意思はほとんど見られませんでした。

これに対し中国や日本では、正史と呼ばれる歴史書の編纂は、重要な国家事業のひとつであり、記録を文書として残すことに最大限の努力を払いました。もちろん、これは政権の正当化というイデオロギー的な目的から要請された面もありますが、同じような権力の正当化であっても、インドではたとえば宇宙の構造を反映するような王権儀礼を行うことによって、それを社会に周知させることが一般的でした。その舞台となる王宮や都城も、宇宙をかたどった建造物です。

その一方で、とくに日本においては、世界全体をひとつの表象としてとらえるようなコスモロジーはほとんど発展を見ず、人々は自己の周囲の世界を、身近な自然の風物である山や河、あるいは空とそこに浮かぶ月、さらにはそれを映した池の水面などに置き換えました。これらは全体で何かひとつの構造を持つことはなく、つねに変化し続け、とらえどころがありません。その変化は四季の移り変わりや、人の生や死としばしば結びつけられました。日本における曼荼羅のとらえ方の基本には、インドとは根本的に異なるこのような世界観があるのでしょう。

曼荼羅は密教の深遠な教理を表現したものであるから難解であると、一般には考えられています。おそらくそれは、曼荼羅を永遠不変の真理を表す神秘の図としてとらえ、そこから何かを読み取ろうとするからでしょう。しかし曼荼羅はあくまでも密教の歴史の中で生まれ、伝えられたものです。曼荼羅の歴史と、それを取り巻く文化的な背景を知ることは、遠回りではあっても、曼荼羅とは何かを知るためには最も有効な方法であるはずです。

第六章　マンダラは心を表しているか

一　ユングとマンダラ

否定されるはずの「心」

マンダラは心を表しているとしばしば説明されます。この場合の心とは、われわれ人間の持つ感情や意思、あるいは潜在意識などを指すのでしょう。広い意味での精神と言ってもよいかもしれません。「心」という言葉は、現代社会においても、最も重要なキーワードのひとつです。「心の時代」「心の教育」「心の復権」など、思想、信条、社会道徳、処世訓などと結びつけられ、生活のあらゆる場面で用いられています。「こころ」とひらがなで表記することも多いのですが、その場合はさらに、われわれの生き方の指針となる傾向があるようです。物質的な繁栄や経済効率よりも、人間の内面的な精神性の方が優位に置かれるべきという共通の理解が、その背景にあるのでしょう。

マンダラが心を表すといった場合も、このような心という語の用法におそらく近いと思われます。そして、「マンダラの持つ高度な精神性」といった一種の幻影が、一般に浸透しています。しかし、そもそも仏教においては、われわれ人間の感情や潜在意識は、悟りへの妨げとして否定されるべきものであったはずです。たとえば、釈迦は十二支縁起や四諦八正道を説くことで、心や精神の働きを苦や煩悩を生み出すものとして退けました。大乗仏教や密教でもそのことは基本的には変わりません。

心や心の作用に対するこのような否定的な立場は、仏教においてはつねに一貫しているにもかかわらず、「マンダラは心を表している」という説明は、ほとんど無批判的に用いられています。現在、日本で刊行されている書籍でマンダラを扱うものは、仏教や密教、あるいは仏教美術の入門書のたぐいから、専門的な学術書にいたるまで膨大な数がありますが、ほぼ例外なくマンダラの定義として「マンダラ＝心」説をあげています。しかし、インドの密教文献のどこを探しても、このような定義を見出すことはできないのです。

マンダラと癒し

日本のマンダラ研究は長い歴史を持ちますが、インドやチベットのマンダラまでも視野に入れた近代的な研究が始められたのは、それほど昔のことではありません。本格的になったのは戦後のことで、とくにマンダラや密教がブームになったこの四半世紀に限定されていると言ってよいでしょう。そのときにマンダラ研究者たちに大きな影響を与えたのが、イタリアの東洋学者G・トゥッチ（Tucci）による『マンダラの理論と実践』（ロルフ・ギーブル訳、平河出版社、一九八四年）でした。この書の中には、「マンダラはわれわれ自分自身の心を開示したもの」という説明が何度も出てきます。わが国の「マンダラ＝心」説も、おそらくこれを踏襲したものと考えられます。しかし、このようなトゥッチのマンダラの解釈は、彼自身の独創ではなく、その先駆的な存在がありました。スイスの高名な精神分析家C・G・ユング（Jung, 一八七五～一九六一）です。トゥッチがユングのマンダラ理解を強く意識していたことは、『マンダラの理論と実践』の序文でもはっきり記されています。そこではユングの提唱した「元型」（archtype）という概念を紹介し、「精神的な統合がすでに破壊された、もしくは破壊されそうな人がその精神的統合を取り戻そうとする場合、元型は国や時代の違いを越えて類似した形で再出現するのである」と述べています。この元型こそがマンダラにほかなりません。マンダラは精神そのものの具体的な表象であるということから、マンダラは精神すなわち心を表すという理解が導き出されることになるのです。

実際に臨床の場で、統合失調症のような患者が、マンダラに似た形を描くことはあるようです。ユングがマンダラと関わりを持つようになったのも、彼自身が精神的な危機に直面したときに、マンダラのような図を描いてそこから回復したことや、彼の担当する患者に類似の症例と回復が見られたことによります。患者にマンダラに似た図形を描かせたり、あるいは、輪郭のみが与えられているマンダラ的な図形に色を塗らせることで、精神の回復を促す療法は、現在でも一部の治療施設で行われているようです。このような図形を積極的に活用することで、患者が治癒に向かうのであれば、それは喜ばしいことでしょう。最近では「マンダラ塗り絵」という形で、一般の人たちのあいだにも類似のものが流行しています。その理論的裏付けは信頼に足るものとは思えませんが、「マンダラ」と称した幾何学模様に塗り絵をすることによって、「癒し」が得られるとうたっています。しかし、マンダラ的な図形を描いて精神の安らぎが得られるからといって、マンダラが心を表すとは言えません。

ところで、マンダラは仏の世界の象徴や縮図と定義されることもあります。ここからも、マンダラは心を表すという説が導かれます。密教では仏と衆生は本来同一であって、われわれの内なる仏に気づき、それを光り輝かせることで、悟りに到達することができると、マンダラの入門書などでは説明されます。マンダラに描かれている仏たちは、じつはわれわれ自身、すなわち自己であり、この場合の自己とは、仏を宿すわれわれの心なのであるという論法です。これは「われわれは自分の中に仏そのもの、あるいは仏となる素質を宿している」という如来蔵思想に相当します。如来蔵思想がインドやチベットの仏教では正統的な考え方ではないことは、仏教学の常識です。また、日本仏教で好まれた「悉皆仏性」の仏性を心と同一視したとも考えられます。仏をブラフマン、自己をアートマンに置き換えれば、そのままインドのウパニシャッドやヴェーダーンタの哲学になるでしょう。アートマンが我と訳されるのも、精神や自我意識、すなわち現代的な意味での心に、容易に重ね合わされることの要因と思われます。ここにも精神分析で扱われるような心が、マンダラの定義に結びつけられる道筋が見出せます。

それではなぜ、ユングは「マンダラは心を表す」と主張したのでしょう。彼の理解やその根拠を、彼自身の著作を通じて検証してみましょう。

二　ユングにとってのマンダラ

患者の描いたマンダラ

ユングはフロイトと並ぶ二〇世紀最大の精神分析家でした。八〇年あまりの生涯において膨大な著作を残すとともに、数多くの精神疾患の患者の治療につとめました。日本でもユングの影響を強く受けた心理学者や精神分析家が活躍しています。

ユングの提唱した学説の中でもとくに重要なものとして、無意識を、個人的無意識と集合的（普遍的）無意識として、二層を立てたことがあげられます。とくに後者の集合的無意識は、人類に普遍的に存在し、神話、昔話、夢などの中に心的イメージとして出現すると考えました。そして、人々の普遍的な無意識の中に存在するある種の形式として、元型を想定しました。ユングによれば元型にはペルソナ、影、アニマ、アニムス、グレートマザー、トリックスターなどがあります。マンダラもこの元型のひとつとして、ユングの体系の中で重要な位置を占めています。

ユングのマンダラ理論が持つ意義と問題点については、M・ブラウエン（Brauen）によってまとめられています（『曼荼羅大全』森雅秀訳、東洋書林、二〇〇二年、二二八〜二三五頁）。ブラウエンは、インドやチベットのマンダラに似た形が世界中に存在すると安易に指摘されることに対し、警告を発する一方で、ユングが行った考察には一定の評価を与えています。ユングが東洋の思想や宗教、神話に対して該博な知識をそなえていたのは事実であるし、ヨーロッパの思想界にマンダラを知らしめたのも彼の功績であったと理解を示します。

チベットのマンダラに関するユングの説明が、しばしば誤解に満ちていることをブラウエンは指摘していますが、マンダラの儀礼、とくに瞑想についてのユングの理解は適切であると見なしています。さらに、ユングにとってのマンダラが「合一」を表す真の、もしくは自然のシンボルで、それは夢や幻影の中でわれわれに現れる」という説明を重視します。そして、中心の点、円、正方形がこの「合一を表すシンボル」であり、それらによって構成される形態が、心的なイメージの最も単純なものであり、その表象としてユングはマンダラをとらえていたと説明します。このような合一のシンボルを生み出すものこそ無意識です。ユングの患者たちが精神疾患からの回復期に、マンダラに似た図形を描くことは、内的な秩序を獲得し、自分自身に回帰し、心理的な合一感、すなわち自我を取り戻すためであると結論づけています。

ユング自身はこのようにして描かれたシンボルとしてのマンダラから、以下のような特徴を抽出しています。

①円ないし球、または卵の形、②円の形は花あるいは輪として描かれる、③中心は大洋、星、十字形によって表現され、たいていは四本、八本、ないし一二本の光線を放っている、④円、球、十字形はしばしば回転しているもの（卍）として描かれる、⑤円は中心を取り巻く蛇によって円状にまたは渦巻状に描かれる、⑥四角と円の組み合わせ、すなわち四角の中の円、またはその反対、⑦四角または円形の城、町、中庭、⑧瞳、⑨四角（および四の倍数の）形姿の他に、きわめてまれであるが三角や五角の

形姿が現れる（ユング『個性化とマンダラ』林道義訳、みすず書房、一九九一年、一八五～一八六頁）。

円、あるいは球、中心、正方形とその要素である四という数が重視されていることがわかります。ユングにとって、マンダラに注目する契機となったのは、自分自身の体験に加えて、統合失調症のような症例において、回復期にある患者がマンダラに似た図を描くことがあったことです。「個性化過程の経験について」という論文において、実際にそのような症例としてX夫人と呼ぶ女性が描いた絵が、順に二五点あげられ、その解説が示されています。たとえばその一〇番目の絵（図6－1）に対する、ユングによる説明の一部は以下のとおりです。

図6－1　X夫人の絵（C・G・ユング／林道義訳『個性化とマンダラ』みすず書房、1991年）

一〇番目の絵から引き出すことのできる最終的な結論は、二元性が行きわたったためにそのつど出てきた諸原理が内的に釣り合い、そのために彼女の鋭さと矛盾とがなくなったということである。……この弱体化は危険であるが、しかしそれは内部の統一によって補われている、すなわち内部ではランプが点って、八つの方位に多彩な光を放射している。さまざまなペアーを対照的におくことによって内的均衡に到達しようというのがこのマンダラの主要な意図であるというのは大いにありうることだ（ユング前掲書、一三四〜一三五頁）。

ここでは絵の中に現れた上下や左右の対称性をもって描かれた図形を、相反する二つの要素がバランスをもってひとつの統一へと向かいつつあるものと見なしています。さらに円の周囲に描かれた八方向に広がる線が光と解釈され、これにも肯定的な評価が与えられています。

これだけであれば、たしかにユングが強調する円や八という要素が、精神の回復傾向を表していることになるでしょう。しかし、彼はこの絵の中に二匹の蟹が小さく描かれていることにも注目しています。そして、これをX夫人の誕生の星座が蟹座であることに結びつけ、占星術の知識からの解釈も同時に行っています。そこでは蟹は女性と水を表すシンボルであり、月と密接な結びつきを持つとされます。蟹が八本の足を持つことは八方向に伸びる光と関係を持ちます。さらに、水の出現はユングのマンダラ理解において重要な意味を持ちますが、これらについては後で述べます。要するに、ユングにとってのマンダラのシンボルと、占星術の知識、さらには神話や言い伝えに現れるさまざまな事例は、すべて無関係ではありえなかったのです。実際、ユングは一六年後に訪れたX夫人の死さえも、この蟹の絵に予見されていたと本文中で述べています。このような解釈は科学的というよりも、オカルト的と言った方がふさわしいでしょう。

伝統的なマンダラ

ユングにとっての重要なマンダラは、このような彼の患者たちが描く図形とともに、実際にアジア各地で見出されるさまざまなマンダラ、もしくはそれに類する図形でした。「マンダラのシンボルについて」という別の論文の中で、ユングはまずはじめにチベットのマンダラを紹介しています（図6－2）。このマンダラは中心に大きな金剛杵を置き、そのまわりを一二の金剛杵が取り囲んでいます。四門にも金剛杵がさらにひとつずつ描かれ、全体が一七尊からなります。尊格をすべて三昧耶形の金剛杵で表していますが、ヴァジュラバイラヴァの十七尊マンダラでしょう。ユングはこのマンダラについて、次のような説明を加えています。

図6－2　十七尊マンダラ（C・G・ユング／林道義訳『個性化とマンダラ』みすず書房、1991年）

この種のマンダラは祭式に使われるもので、ヤントラと呼ばれる、瞑想の道具である。それは中心に向かって円を描きながら、いわば心理的視野を狭めていくことによって、集中を助けるのである。……外側の縁はほとんど例外なく炎からなっている。この炎は欲望の炎であり、そこから地獄の苦しみが生まれる。たいていは一番外側の縁の上にぞっとするような墓地が描かれている。そのすぐ内側には、たくさんの水蓮《ママ》の葉が輪になっていて、全体でパドマ（水蓮《ママ》の花）を表している。その内側には一種の僧院の中庭があって、四つの門がついている。この僧院は聖なる隔離と集中とを意味している。この僧院の内側にはたいてい四つの基本色、赤・緑・白・黄が見られ、それらは、チベットの『バルド・トェドル』が証明しているように、四つの方位と、同時に四つの心的機能とを示している。その内側には、たいていもう一つの魔法の円によって仕切られた中心があって、これは瞑想の重要な対象ないし目標である（ユング前掲書、一五〇、一七八頁）。

一部省略したところもありますが、ここに見られるヤントラ、欲望の炎、ぞっとするような墓地、僧院の中庭、魔法の円などは、いずれもマンダラについての正しい説明ではありません。

さらにユングは、マンダラの中心が瞑想において神に相当する絶対的な唯一存在であることと、そこに瞑想者が自分自身を重ね合わせることで、神すなわち「普遍的な無意識」への回復が可能となると述べます。そして、マンダラが持つ中心と円からなる構造を、人格、個人的無意識、集合的無意識という「自己に属するすべてのもの」に対応させたうえで、もう一度、チベットのマンダラに対して「エネルギーの流れ」という用語によって、次のような説明を加えています。

ここに示されたマンダラは、一人の人間が瞑想から絶対的状態へ移行していく過程を描き出している。中心にある金剛石の雷霆《らいてい》、独鈷は、男性性と女性性の結合の完成した状態を示している。幻影の世界は最終的に消え去っている。すべてのエネルギーはふたたび始源の状態に集められている。内部の中庭の門の中にある四つの雷霆は、生命のエネルギーが内部に向かって流れていることを暗示している。エネルギーは諸々の対象から離れて、中心へ向かって回帰していく。すべてのエネルギーの完全な結合が、全体性の四つの側面において達成されると、もはやいかなる変化をも蒙らない静止状態が生まれる。……要するにこのマンダラが示しているものは、陽と陰の間、天と地の間に含まれるあらゆる対立物の結合であり、永遠の均衡とそれによる揺るぎない永遠の状態である（ユング前掲書、一八〇頁）。

マンダラの中心が、あらゆる対立物を合一させた絶対的な状態であり、同時にそれはわれわれ自身であるという、マンダラについての現在の一般的な理解が明瞭に打ち出されていますが、その論理の展開は、インドやチベットのマンダラの伝統からは無縁の、ユング独自の強引な、あるいは恣意的な解釈にもとづいていることがわかります。

このほかにユングが紹介する「マンダラ」として、チベットの六道輪廻図があります。しかし、この図は彼にとってあまり都合のよい題材ではなかったようです。なぜなら、それは「対立するものの合一」の基本である四によって構成されず、三とその倍数で分割されているためです。そのため、彼は三とは未完成の状態であり、輪廻の世界を表したこの図にふさわしいと、逆の発想でとらえます。さらに、三と四との比例へと問題を置き換えて、神秘主義的な、言い換えればオカルト的な意味さえも、そこに見出そうとしています。

ユングが見ていたチベットのマンダラは、もちろんこれだけではありません。しかし、その理解がどれだけ伝統的なものであったかはきわめて疑わしいようです。たとえば、チベットのタンカではマンダラの上下に寂静尊と忿怒尊が描かれることがありますが、ユングはこれらの尊格の姿を、天国と地獄と理解しています。もちろん、下に描かれているのは地獄の情景などではなく、忿怒形で描かれる護法尊たちですし、そもそも、タンカのこの領域はマンダラとは呼ぶことはできないはずです。ユングは『バルド・トェドル』、いわゆる「チベットの死者の書」を高く評価し、欧米におけるその流行に大きく貢献した人物でもありますが、寂静尊と忿怒尊はこの文献に登場する重要な尊格のグループです。その理解もこの程度であったとすれば、彼の『バルド・トェドル』全体の理解も、どれだけ信頼できるものか疑わしいと言わざるをえません。

三　ユングが参照したもの

『観無量寿経』

ユングのマンダラ理解を示すまとまった資料に「東洋的瞑想と心理」があります（『人間心理と宗教』ユング著作集4、濱川祥枝訳、日本教文社、一九五六年、所収）。これはスイス極東文化友好協会で行われた講演会の記録で、この中でユングは「無意識によって構成せられている統一的な深層部」が、インド世界におけるヨーガによる瞑想におどろくほど正確に一致することを強調したうえで、これらに対して「マンダラ」の語を用いることを宣言しています。

注目すべきは、ユングがこの結論に到達するまでに詳述する「東洋的瞑想」の代表的な例として、浄土教の基本経典のひとつ『観無量寿経』(『観経』)をあげていることです。とくに同経に体系的に説かれる十六観の中の第二観「水想観」と第五観「八功徳水観」の二つの段階に、強い関心を寄せています。

このうち、前者の水想観の冒頭は、経典本文では次のように説かれています。

次には、水の観想をするがよい。水の澄み切っているありさまを見て、これを明確に思い浮かべ、注意を分散させないようにせよ。水をよく見終わったならば、こんどは氷の観想を思い浮かべよ。氷の透き通ったありさまを見たならば、こんどは瑠璃の観想をせよ。この観想が成功すれば、次には瑠璃でできた大地が内も外も透き通っているありさまを見るようにせよ。その下には金剛石や七種の宝石をちりばめた黄金の幢《はたほこ》があり、この瑠璃の大地を支えている。その幢は八つの面と八つの角をそなえており、その一つ一つの面は、百個の宝石からできあがっている。その一つ一つの宝珠は千の光明をもち、その一つ一つの光明は八万四千の色をそなえている。その光明や色が瑠璃の大地に反射して、あたかも何億何千という太陽のように輝いており、つぶさには見ることができないほどである（森三樹三郎訳「観無量寿経」『浄土三部経』中央公論社、一九七六年、一八八頁）。

これに対してユングは、以下のように説明し直します。

第二の段階である水の瞑想は、もはや太陽の印象を基盤とはしておらず、積極的な想像作用によって、きらきらひらめく《ママ》水面の像を作り出します。……眼底に焼き付けられた太陽の残像から出る非物質的な光は、この過程によって、物質たる水に変化し、この水もまたついには固体たる氷に変わります。この場合の目的が幻像の具体化・実体化にあることは明白で、かくして、われわれの日常世界である物理的自然のかわりに、ある種の実体をそなえた幻想の世界が登場するわけです。つまり言ってみれば、たましいを題材とした第二の現実界が作り出されるのです。ところで、当然青みがかった色を持っているこの氷は、堅い石のような物質たる青色の瑠璃に変じますが、この瑠璃はまた瑠璃で「大地」となります。……いまや、大地のこの底の方から、いわゆる「金色の旗」の光がさしのぼってきます。ついでに言っておきますと、「旗」に当たるサンスクリットの「ドゥフヴァジャ」は、一般に広く「しるし」および「象徴」

の意味にも用いられます。ですからここでは、ひとつの「象徴」が現れたのだと言っても一向差し支えありません。そしてこの場合、この象徴は「コンパスの八つの方角に」ひろがっているのですから、この基底が八つの光をもった体系を表現していることは明らかです（ユング前掲書、一九五六年、二三七〜二三八頁）。

これに続く第三の「地想観」と第四の「宝樹観」については、ユングはほとんど注意を払わずに第五観に移り、その意義を強調します。第五観の経典本文の一部と、それへのユングの説明を続けて示しましょう。

次には、水を思い浮かべるがよい。水を思い浮かべるとは、どういうことか。極楽の国土には八つの池の水がある。その一つずつの池の水は、七つの宝石からできていて、その宝石は柔らかい性質のものである。その水は、宝石の王者である如意宝珠から流れ出ており、その流れは分かれて一四の支流となっている。それぞれの支流は七つの宝石の色をおび、黄金でできた溝を流れている（森三樹三郎訳前掲書、一九七〜一九八頁）。

経典の本文にははっきりと記されておりませんけれども、八つの光をもったこの体系はすでに阿弥陀仏の国を表しています。ここには天国たるにふさわしく、めずらかな樹々が生い茂っています。とくに重要なものとされているのは、阿弥陀仏国の水です。八辺形の国にふさわしく、この水も八つの湖をなしています。この水の水源は、中央に鎮座するひとつの宝石、すなわち摩尼珠ですが、この最高の真珠は「得難い貴重品」および最高価値の象徴です。……響きをたてて流れるこの水は、仏陀の教え全体を象徴するものといってもよく、救済する叡智の水であり、……「教えの水」とでも言うべきものです。この水の水源である無類の真珠は、タターガタ、つまり仏陀自身に他なりません（ユング前掲書、一九五六年、二三九頁、傍点は原文どおり）。

第二観と第五観を詳述したこれらの部分では、瞑想の中に現れる二つの要素が、ユングによってとくに強調されています。ひとつは水で、もうひとつは八方向への光です。ユングは十六観の第一観である「日想観」で観想された太陽について、その残像が非物質的な光であり、そこから物質的な水を経由し、幻想を表す氷が生み出されると解釈しています。それを「魂を素材とした第二の現実界」と呼びます。第五観では八池の水が阿弥陀仏国の水であり、仏陀の教義全体を象徴する「教えの水」と見なされます。そして、その水源である如意宝珠は、最高価値の象徴として、仏陀そのものとなっています。引用文に続く段落では、この瞑想を行うヨーガ行者の魂そのものが仏陀となると結論づけられていますが、これは「水＝魂、水源＝仏陀」という図式から導き出されたものです。

ユングがこのように水の意義を強調するのは、彼にとっての水が、単なる物質ではなく、無意識そのものであったからです。

ユングは『元型論』（林道義訳、紀伊國屋書店、一九九九年）の中で「水と無意識」という節を立てて、そのことを繰り返し述べています。たとえば「精神は重くなると水になってしまい、そのかわりに知性が、かつて精神が占めていた王座を奪った」とか、「水は無意識を表すために一番よく使われるシンボルである」という定義が見出せます。さらに「水の鏡をのぞきこむ者は、何よりもまず自分自身の姿を見る。……ペルソナによって隠していて、決して世間には見せない顔を映し出す」とも記していますが、これは『観経』の水に関するユングの解釈に直結する考えです。

もう一方の重要な要素である八方への光は、そのままですでに阿弥陀の国を表すと解釈されています。ユングにとって対立物を合一させる四やその倍数である八は、特別に重要な意味を持っていました。X夫人の描いた「マンダラ」に八方向への光を読み取ったのも、そのためです。ここでもユング的な意味での「象徴」である旗が、八つの方向に広がり、光を発していることに対して、決定的な重要性を与えています。この八方向への光を基本形として阿弥陀の国ができあがり、その中心の阿弥陀が瞑想者の魂に重なることになります。言い換えれば、水と八方向の光を媒体として、無意識と仏は一致するのです。

ところで、八方向に広がる光というのは、経典そのものからは読み取れません。翻訳に見られるように、ユングが「象徴」と呼ぶ旗は八つの面と八つの角、すなわち八角形をしているにすぎません。その面を構成する無数の宝石は無限の光をそなえていますが、光は八方向に放射されるのではなく、全体が互いに反射し合って、無限の太陽のように輝くと経典では述べられています。

八方向の光というユングの解釈は彼自身の誤解ではなく、ユングが参照した文献におそらく由来します。ユングは『観経』そのものを原文から読んだのではなく、マックス・ミューラー（Max Müller）編纂の「東洋の聖典シリーズ」(Sacred Books of the East) 第四九巻に収められた高楠順次郎の英訳を用いていることがわかっています。高楠訳の該当箇所は「(金色の幢は）水平の八方向に伸び、そうして（大地の）八角は完全に満たされる」“(The golden banner) extends to the eight points of the compass, and thus the eight corners (of the ground) are perfectly filled up.”となっています。ユングにとって高楠訳の「伸びる」“extends to”という訳語は決定的な意味を持っていたと思われますが、これは誤訳に近いでしょう。

極楽浄土の観想法として体系化された十六観を題材としていながら、その初期的な段階にすぎない第三観と第五観のみをユングが強調したのは、彼自身の無意識を中心とする「象徴体系」に最もふさわしい水と八方向の光が、ともに現れるためです。しかし、経典そのものには水が行者の無意識であったり、その水源が阿弥陀そのものであるという記述は、どこを探しても見出せません。八方向への光が妥当な解釈ではないことも、今述べたとおりです。そもそも『観経』のような浄土教の経典では、ユングがこの講演で主張するような、「瞑想者は自身が唯一の存在者であることを体験し、自身も仏陀そのものに他ならぬ最高意識であることを悟る」ことはありえません。これは密教的な観想法であって、極楽往生を目的とする浄土思想とは異なる伝統だからです。

ツィンマーの著作

前節で取り上げた「東洋的瞑想の心理」は、五三歳で世を去ったインド学者H・ツィンマーへの言及で始まっています。実際、ユングはこの天才的なインド学者の著作から大きな影響を受けました。それは単にインドやチベットの宗教に関する情報だけではなく、その本質に関する理解や解釈にまで及んでいます。

邦訳で読むことのできる『インドの芸術と文明における神話と象徴』(Myths and Symbols In Indian Art and Civilization)をひもとくと、これまで見てきたユングのマンダラについての情報や解釈が、随所に見出せます（『インド・アート　神話と象徴』宮元啓一訳、せりか書房、一九八八年）。

たとえば、四が全体を表し、それが三になると不完全性に陥ることを、ツィンマーは次のように明確に述べています。

インドの考えによれば、全体、ないし全体性の観念は、四という数と連合している。「四つの四分の一」は「全体性」を意味する。およそ完全で自己完結しているものは、四つの「四分の一」（pāda）を、すべて所有するものと考えられている。……しかし、世界の機能の生の過程が惰力で進むにつれ、秩序はその基盤を失う。聖なるダルマは四分の一ずつ消えていき、かわりにその反対のものがのしてくる（ツィンマー前掲書、二二～二三頁）。

ユングがマンダラに対して示したさまざまなインド的な説明は、ヒンドゥー教に伝わるシュリーヤントラ（図6－3）の解説として、すでにツィンマーによって示されています。彼はヤントラの機能に三つをあげ、とくにその三番目として「神との同一化を行いながらの、幻視の段階的な開展のための図面」と述べています。それをさらに敷衍して、ヤント

図6－3　シュリーヤントラ（C・G・ユング／林道義訳『個性化とマンダラ』みすず書房、1991年）

ラの瞑想が次のようなプロセスをたどると言います。

（ヤントラは、その）縮図の中で、世界の開展と内帰における絶対者の段階、ないし様相を再現しているのである。さらに、帰依者の視覚化の力は、二つのあり方で、想像と融解という二重の過程を踏むことが要求される。一方では、時間的、空間的な発展として、しかし、他方では、空間と時間のカテゴリーを超越する何ものか——唯一の本質における敵対的な局面の同時性——として。……これらの初段階は、マーヤー・シャクティの現象面における絶対者のさまざまな変容、ないし様相を象徴しており、また同時に、人間の心身の構造の絵画的な分析を提供してくれる。なぜならば、世界の核である最高の本質（brahman）は、人間の存在の核心である最高の自己（ātman）と同一だからである。ヤントラによって生み出された視覚化と瞑想と体験は、したがって、神的な本質の、宇宙のその創造と破壊における反映と見なされるだけでなく、同時に（世界の過程と開展の段階は、人間の有機体の歴史と構造の中に複製されているのであるから）、帰依者の魂からの発現と見なされなければならない（ツィンマー前掲書、一八九～一九〇頁）。

実際にヤントラとして描かれた図形は、次のような意味を持つと述べています。

外枠が表しているものは、四面に向かって開かれた四つの門を構えている四角の神殿であり、各々の入口の前の踊り場であり、高まったところにある神殿の床へ地面から連なる低い階段である。この神殿は神の座（pīṭha）であり、帰依者の心臓の中心であると考えられなければならない（ツィンマー前掲書、一九一頁）。

引用文中の「帰依者の心臓の中心」を「瞑想者の無意識」に置き換えれば、そのままユングの解釈になります。

ツィンマーはチベット仏教のマンダラにも言及し、それが色によって満たされることの意義を次のように述べます。

中心にある化身は、原初の永遠のアーディ・ブッダ、すなわちヴァイローチャナである。そこから八方に放射状に、八つ子、すなわちその本質の八つの顕現があり、独自の色、仕草、持物を異にしている。これらは、不動の絶対者から世界に出ていく特別の構成要素を示している。宇宙を照らし、広く把捉しながら、これらは、宇宙の花の中核に含まれるものとして表出されている（ツィンマー前掲書、一九一～一九二頁）。

「放射状の八つの顕現」と「宇宙を照らすもの」を結びつければ、八方向に放射される光となるでしょう。

ツィンマーの示すヤントラやマンダラの解釈は、インド学の伝統にのっとったきわめて正確なものです。彼はヒンドゥー・タントリズムの聖典や仏教文献から抽出される情報を、そのすぐれた分析能力によって、巧みにまとめ上げています。発表されてからすでに半世紀以上が経過しているにもかかわらず、その記述はきわめて有益で、けっして古さを感じさせません。ところがそれがユングの手にかかると、とたんに彼一流の神秘主義的な解釈へと様変わりしてしまいます。具体的な事例についてのそれぞれの記述にほとんど差異が見られないだけに、両者の解釈の違いが、逆に鮮明に印象づけられます。このような大きな違いを生み出すのが、無意識であり、魂であり、心なのです。

四　何が問題か

ユングからトゥッチへ

ツィンマーからユングへと伝えられたインドやチベットのマンダラ（ヤントラ）は、ユングによる独自の解釈を経て、トゥッチへと続きます。すでに前に述べたように、トゥッチはユングの提唱する元型という考え方を強く意識し、その成果を自著『マンダラの理論と実践』にできるだけ反映させようとしています。同書には「とくに近代の潜在意識の心理学を参照して」という副題も与えられています。

実際、トゥッチによるこの書には、いたるところでユングへのオマージュが含まれます。次の文章もそのひとつの例です。

> 神々の輪をマンダラの形で表現することは、恣意的な構造から生まれたのではなく、適切な範図（パラダイム）によって個人的な直感を映し出しているのである。すなわち、生来的ともいえる能力によって、人間の心は意識の本源的な光輝とそれを隠す諸力との永遠なる対立を視覚的に表現する。……（『バルド・トェドル』やヨーガの書物

に記された神々の姿は）人間精神に内在する不思議な要求に触発されて配置されるものなのであるが、これに最初に気づいた功はユングにある（トゥッチ『マンダラの理論と実践』六一頁）。

また、『観経』についてのユングの解釈も、トゥッチによってそのまま踏襲されています。水想観のプロセスを紹介する次の文は、そのままユングが書いたといってもおかしくありません。

金剛のかわりに瑠璃もまた象徴として用いられるが、それはかの別なる次元の象徴ではなく、人間界を超越した天界の象徴である。現に、無量光または無量寿の極楽の地面は、それがこの世界とその限界を超越しているからこそ、平坦で滑らかな瑠璃でできているのである。というのは、それはもはや欲望の動揺も旋風もなく、ふたたび勝ち取られた意識の明澄、不動なる光輝のみ存する精神状態の実現を意味するからである（トゥッチ前掲書、六四、六六頁）。

トゥッチが『マンダラの理論と実践』の中で引用する文献が、仏教のものだけではないことも注目すべきでしょう。むしろ、マンダラそのものの解釈や、ヨーガや瞑想との関係でマンダラが紹介される場合、ヒンドゥー・タントリズムの聖典やアビナヴァグプタの著作、あるいはウパニシャッドなどに含まれる神秘主義的な記述が頻出します。このような傾向もツィンマーやユングと同じです。

これまで見てきたのは、ユングによるマンダラの解釈と、その背景となる彼の思想や素材でした。その多くはインドやチベットのマンダラを伝統的に理解しようとするのではなく、彼自身の体系がはじめにあって、それに当てはめることの方が重要であったという印象を受けます。

われわれ自身の問題

このほかにも、ユングのマンダラ理解には、いくつか決定的なものが欠落しています。たとえば、インド的な意味での世界と自己についての理解です。ウパニシャッド以来のアートマンは、ユングの言う集合的な無意識でもありませんし、ましてや、近代的な意味での自我や自己でもありません。また、マンダラと儀礼との関係を、瞑想やヨーガのような個人的で内面的な実践とのみ結びつけているのも不十分です。マンダラと関係する儀礼は、密教の歴史の中ではむしろ、灌頂や護摩の方がより重要な位置を占めますし、マンダラを作ることそのものも儀礼でした。

マンダラの持つ地域的な差異についても、ユングはほとんど注意を払っていません。たとえば、両界曼荼羅や別尊曼荼羅、あるいは神道曼荼羅や参詣曼荼羅のような日本独自のマンダラは、彼のマンダラ理論から説明することができるでしょうか。ユングが活躍したのは二〇世紀の前半であるとはいえ、その没年の一九六一年までには、このようなマンダラに接することが十分可能だったはずです。

建築のような空間構造とマンダラとの関係も、ユングの著作には見出せません。宗教的建造物の持つ象徴性や、マンダラの持つ立体的な構造は、むしろユングの体系に寄与するところが多く、より豊かな稔りをもたらしたはずです。このことは、たとえば「聖なる空間」という概念を重視した宗教学者M・エリアーデ（Eliade）が、ユングが好んで用いた「対立物の合一」という概念を、忠実に引き継いでいることからも予想されます。

ユングに対するこのような批判や反論は、おそらくいくらでも可能でしょう。しかし、ユングのマンダラ解釈は強引で恣意的だから誤りだとは言い切れないところに難しさがあります。ユングにとって『観無量寿経』の翻訳が間違っていようと、マンダラとヤントラとの区別があいまいであろうと、それはたいした問題ではなかったはずです。人間の心理、とくに無意識についてのユングの体系と、彼の理解したマンダラやそれに類するイメージがうまく合致することが、彼にとって重要だったからです。その場合、インド学者や仏教学者から批判があったとしても、おそらく議論はかみ合わなかったでしょう。

むしろ、仏教や密教の専門家を含めて、わが国において「マンダラは心を表す」という理解が主流をなしていることを問題にすべきでしょう。おそらくそれは、ツインマーのマンダラ理解がユングによって大きく変容し、そのままトゥッチに継承されたことが大きな要因と考えられます。そしてそのことが、マンダラは精神的なものであるがゆえに難解なものであるという、一般的なとらえ方につながっているように思われます。はじめに述べたように、現代社会において「心」という言葉はきわめて重大な意味を持ちます。その多様性もさることながら、とくに社会規範や生活信条に心を結びつけようとする傾向が顕著です。そのような状況で、密教やマンダラを語る者たち、とくに専門的な知識を持つ者が、「マンダラは心を表す」と主張するのであれば、もっと自覚的でなければならないはずなのです。

各章への補遺

第一章　自己と宇宙

高野山大学では一九九七年度から、オムニバス形式による「生命倫理講座」を学部学生向けに開講した。当時、高野山大学に在職していた私は、翌年の九八年度の後期に二回の講義を担当したが、この学期の統一テーマは「文学と宗教にみられる生と死」であった（担当日は一二月三日と一〇日）。講義は録音され、テープから起こされた原稿に加筆修正して、高野山大学生命倫理研究会編『生と死　いのちを考える　平成一〇年度生命倫理講座講義録』（高野山大学、一九九九年三月、三〇七～三五五頁）に収録された。本章はそのうちの第一回「インドの宗教にみられる生死観㈠　インドの思想における自己と宇宙」である。

今回、本書収録にあたり、ふたたび加筆修正を行ったが、全体の趣旨に大きな変化はない。くだけた表現やいささか冗漫な言い回しがあるのは、講義録であることによる。現代的な問題をおもに扱う講座であり、インドや仏教を専門としない学生が多数受講していることを考慮して、できるだけ興味を持てる題材から、インドの思想の特徴につなげるようにした。

「ある少女の話」で取り上げたジーニーをはじめて知ったのは、ロンドン滞在中にＢＢＣテレビの科学ドキュメンタリー番組「ホライズン」(Horizon) の「ジーニー」(Genie) を見たときである（放送日は一九九四年一月三一日）。きわめてショッキングな内容と映像であった。その後、ジーニーのケースが、言語の習得や発達の研究で重要な意義を持ち、その分野では著名な事例であることも知った。また放映の翌年には、テレビ番組とは別の視点からジーニーを描いたラス・ライマー『隔絶された少女の記録』（片山陽子訳、晶文社、一九九五年）がわが国でも刊行された。ここで紹介したジーニーに関する情報の多くも、同書に負っている。ジーニーは極端な事例であるし、「自己と宇宙」という授業本来のテーマよりも、幼児虐待の印象が強く残り、インドの思想の導入としては不適切だったかもしれないが、このときの受講生の関心を強くひいたようだ。なお、同書のあとがきやインターネットの情報によれば、ジーニーは現在、南カリフォルニアのいきとどいたホームで穏やかな日々を送っているという。

本章のもととなった講義録全体は、その後、別の授業においてもインドの思想や文化への導入のためにしばしば配布してきたが、受講生にはおおむね真摯に受けとめられている。「私とは何か」「世界と私はどのような関係にあるのか」という普遍的な問題は、どんな時代でもつねに人々の心を強くとらえるようであるし、若い学生諸君にはなおさらである。

なお、本文中の『タイッティリーヤ・ウパニシャッド』の訳は立川武蔵『はじめてのインド哲学』(講談社現代新書、一九九二年)から、また『チャーンドーギヤ・ウパニシャッド』は早島鏡正他『インド思想史』(東京大学出版会、一九八二年)所収の訳文を引用させていただいた。訳文以外にも立川先生の『はじめてのインド哲学』からは、「ブラフマンとアートマン」以降のトピックに関し、多くの点で示唆を受けたことを明記しておきたい。

第二章　死のイメージ

本章も第一章と同じ講義録が初出である。この回の講義のタイトルは「インドの宗教にみられる生死観(二)　インドの宗教にみる死のイメージ」であった。第一章とはうって変わって、神々のイメージや神話、釈迦の涅槃図、コスモロジーなど、比較的ヴィジュアルな素材が取り上げられているが、「生と死」というテーマでは、第一章の内容と密接につながっている。

この章では、涅槃図やストゥーパのシンボリズムなどに関して、『涅槃と弥勒の図像学　インドから中央アジアへ』(吉川弘文館、一九九二年)をはじめとする宮治昭先生の研究に多くを負っている。また、カーリーやドゥルガーの神話とその解釈には、やはり立川先生の『女神たちのインド』（せりか書房、一九九〇年）などの著作の存在が大きい。このほか「時の翁」はE・パノフスキー『イコノロジー研究』（浅野徹他訳、美術出版社、一九八七年）、「ダンス・マカーブル」は小池寿子『死者たちの回廊　よみがえる「死の舞踏」』（平凡社ライブラリー版、一九九四年）を参照した。小池先生からは「ダンス・マカーブル」の図版も御提供いただいた。仏教のコスモロジーについては定方晟『須弥山と極楽』（講談社現代新書、一九七三年）を、つねに活用させていただいている。

ところで、これらのはじめの二章では、マンダラへの言及はまったくない。しかし、マンダラを理解するためには、それを生み出したインドの人々の考え方や世界観を知ることが、おそらく不可欠であろう。「生と死」は宗教にとって避けることのできない問題であるし、それは密教やマンダラでも何ら変わりがない。それにもかかわらず、日本における従来のマンダラの研究や紹介では、「生と死」に関する視点がしばしば欠落しているように思われる。「生と死」を基本テーマとする高野山大学の生命倫理講座で、インドの思想や文化をとらえ直す機会が与えられたことは、私にとって貴重な経験であった。

第三章　マンダラの構造と機能

大阪の千里にある国立民族学博物館で、二〇〇三年三月一三日から六月一七日までのあいだ、特別展「マンダラ展　チベット・ネパールの仏たち」が開催された。このとき、特別展のための図録として、展覧会全体の監修者である立川武蔵先生が『マンダラ　チベット・ネパールの仏たち』(千里文化財団、二〇〇三年)を編纂・刊行された。本章はそこに収録された「マンダラ、その構造と機能」(五八〜七六頁)にもとづく。ただし、一部、加筆修正を行ったほか、金剛界マンダラなどを説明した「主要なマンダラ」という最後の節は、本書の第五章と重なる部分が多いため、割愛した。

この章で紹介したマンダラの構造や意味、灌頂儀礼におけるマンダラの役割、さらにその両者をつなぐ王と仏のイメージの相似性などは、拙著『マンダラの密教儀礼』(春秋社、一九九七年)の中ですでに詳しく述べているし、講演会などでも取り上げる機会が多い。「マンダラは仏の世界」という定義は、あらゆるマンダラの解説書、入門書の冒頭に登場するが、なぜ仏の世界をこのような形で表現したのか、そして、なぜ密教で仏の世界の図が必要であったのかを、明確に説明するものはほとんど見られない。講演会などで本章のような内容の話をすると、「マンダラというのは見たり聞いたりしたことはあったが、こういうものとは知らなかった」とか、「はじめてマンダラがどのようなものか理解できた」という感想をいただくことが多い。

なお、灌頂については、上記の拙著刊行後、一般向けの解説として「灌頂儀礼」『シリー

ズ密教　第一巻　インド密教』（立川武蔵・頼富本宏編、春秋社、一九九九年、一九四～二〇八頁）を発表した。その後、その内容は、真言宗智山派の研究機関である智山伝法院から「智山伝法院選書」の一冊として刊行された『灌頂』（二〇〇一年）でも、ほぼ全面的に踏襲されていることを知った。真言密教の伝統的な教団の刊行物に、私のようないわば「部外者」の解釈がそのまま用いられているのは、大きな驚きであった。

第四章　マンダラの表現方法とその意味

国立民族学博物館の「マンダラ展」は、その後、二〇〇四年四月から七月にかけて、名古屋市立博物館に巡回した。これにあわせて、講演会「マンダラ　心・身体・宇宙」が同博物館において三回にわたって開催され、その第二回に「実践から見たマンダラ」というテーマで私も講演を行った（六月一二日）。この一連の講演会の内容は、その後、立川武蔵編『マンダラ　心と身体』（千里文化財団、二〇〇六年）として刊行された。本章はその第三章に相当する（五一～七二頁）。ただし、これは発行元の千里文化財団による公式の説明で、実際は名古屋市立博物館での講演会では、本書第三章とほぼ同一の内容を約一時間にわたってお話しした。すでに図録に発表した内容と重複することと、実際の講演ではスライドなどを用いたため、録音から起こした原稿だけでは、正確な内容を伝えることができないことなどの理由で、講演会の記録として刊行する段階で新たに全文を書きおろした。

なお、本章の前半で問題にした「聖なるものの表現」は、拙著『仏のイメージを読む』（大法輪閣、二〇〇六年）の序章と第三章でも取り上げている。また、その基本的な考えは、二〇〇五年度の金沢大学文学部での講義「仏教文化論」で紹介した。冒頭の金子みすゞの詩「星とたんぽぽ」を、宗教美術における不表現と結びつけるアイディアは、これとは別の授業で、やはり宗教美術の特質をテーマにした講義に出席していた学部生の一人が、講義後に指摘してくれたものである。

第五章　両界曼荼羅の世界

高野山大学は二〇〇六年に創立一二〇周年を迎えた。その記念事業のひとつとして、高野山大学選書全五巻が刊行された。編集責任者の高野山大学教授村上保壽先生から依頼されて執筆したのが、本章「両界曼荼羅の世界」である。第二巻『真言密教の新たな展開』に収録されている（小学館スクェア、二〇〇六年、八六～一〇五頁）。

インドやチベットのマンダラを専門とする私には、日本のマンダラは未知の世界であるが、学部の学生の頃から、高雄曼荼羅、伝真言院曼荼羅（西院本）、子島曼荼羅などの代表的な両界曼荼羅を、展覧会などで実際に拝観してきた。高野山に住んでいたときには、自宅から歩いて数分のところにある高野山霊宝館で、血曼荼羅の両幅をじっくりとながめる機会に何度も恵まれた。これらの日本の両界曼荼羅が持つ圧倒的な迫力と細部の緻密な表現は、チベットなどのマンダラとはまったく違った魅力をそなえ、大きな感動を与えてくれる。また、それぞれの作品の制作背景や、様式の特徴、図像内容の変化などについて知ることは、密教美術研究の醍醐味でもある。

両界曼荼羅の研究書は枚挙にいとまがないが、石田尚豊先生の『曼荼羅の研究』(東京美術、一九七五年)はその中でも記念碑的な著作である。ほかにも佐和隆研編『密教美術大観　第一巻　両界曼荼羅』(朝日新聞社、一九八三年)、有賀祥隆『日本の仏像大百科　三　明王・曼荼羅』(ぎょうせい、一九九〇年)、頼富本宏『曼荼羅の鑑賞基礎知識』(至文堂、一九九一年)、柳沢孝監修『東寺の両界曼荼羅図　連綿たる系譜・甲本と西院本』(東寺宝物館、一九九四年)などを、本章執筆にあたり参照した。

なお、本章では「マンダラ」をすべて「曼荼羅」と漢字で表記している。他の章では原則として、日本の伝統的な曼荼羅、すなわち「胎蔵界曼荼羅」「両界曼荼羅」「別尊曼荼羅」などや、具体的な個々の作例(「高雄曼荼羅」「子島曼荼羅」など)を指す場合に限り「曼荼羅」と表記し、それ以外の一般名詞ではカタカナの「マンダラ」に統一している。しかし、この章では日本のマンダラ(曼荼羅)が中心的なテーマであることから、登場する頻度の低いインドやチベットのマンダラのみをカタカナにするのは、全体から見てバランスの悪さを感じさせるため「曼荼羅」に統一した。

第六章　マンダラは心を表しているか

本章は二〇世紀の精神分析家ユングによるマンダラの理解を、現代のインド学仏教学の立場から検証したものである。種智院大学学長の頼富本宏先生の還暦記念論集『マンダラの諸相と文化　上巻』（法藏館、二〇〇五年、七七〜九六頁）が初出である。今回の収録にあたり、文体の統一をはかった以外は、あまり手は加えなかった。そのため、他の章に比べると、いささか専門的な印象を受けるかもしれない。

日本の知識人のあいだにユングの名は相当広く浸透している。これは、精神分析学や心理学の分野では、世界的に見てもかなり特異な状況である。ユングの著作は科学的というよりもオカルト的で、実際に臨床の場面でユングの理論や方法を活用している国は、それほど多くはないらしい。一方、戦後日本のマンダラ研究に大きな影響を与えたのが、トゥッチの『マンダラの理論と実践』である。マンダラを瞑想や神秘体験と結びつけて論じるときには、かならずと言っていいほど、トゥッチのこの著作が援用されている。そして、本章で示したように、トゥッチが同書を執筆するにあたって、最も意識したのがユングであった。ユングのマンダラ理解についての考察は、単にユングの解釈の妥当性を明らかにするだけではなく、日本の「現代的な」マンダラ研究の根幹に関わる問題なのである。「マンダラで心が癒される」というような無責任なマンダラの説明や紹介が、巷間で広まっているが、その背景にもユングによる独特のマンダラ理解がある。本章の「マンダラは心を表しているか」というテーマも、そのような問題意識からつけた。

ユングとマンダラについては、同じ記念論集の下巻に渡辺学「分析心理学におけるマンダラ象徴表現」が収録されている（五〇一～五一四頁）。あくまでもユングの立場からのマンダラの理解が、淡々と述べられている。田中公明「ユングとマンダラ、チベット仏教」（湯浅泰男他『ユング心理学と現代の危機』河出書房新社、二〇〇一年）では、本章とは異なる視点で、ユングのマンダラ理解の危うさが論じられていて、共感できるところも多い。

あとがき

　一九七〇年、私は小学二年生だった。その年は日本中が浮かれていた。大阪万国博覧会、すなわち万博である。「人類の進歩と調和」を統一テーマとして、大阪千里の広大な丘陵地で開催され、六千四百万人以上の人がおとずれたという。私も家族と一緒に、新幹線に乗って見に行った。春休みだったため、どのパビリオンも人でいっぱいだった。一日だけの日程の私たちは、混雑しているパビリオンは避けて、人の少ないところを選んで回った記憶がある。

　万博で一番人気があったパビリオンは、アメリカ合衆国館だった。なかでも話題を集めていたのが、アポロ一一号が地球に持ち帰った「月の石」である。待ち時間が三時間以上だったため、当然、私たちはアメリカ館をあきらめた。今でもおぼろげに記憶しているそのイメージは、新聞の写真か、テレビの映像で見たものだろう。あとで、「月の石」を実際に見た友人に「月の石ってどんなのだった?」と聞いたことがある。少し誇らしげに「うーん、ほんとに月の石って感じだった」と答えていた。全然、説明になっていない。「写真で見たとおりだったよ」と答えていたかもしれない。それは間違いないだろう。本物を写真に撮ったのだから。

同じような会話が日本中で繰り広げられていたと思うが、マンダラについて一般向けに書かれたものを見るたびに、この月の石を思い出す。「マンダラとは仏の世界である」「マンダラは深遠な悟りの境地を表している」というような説明を読むときである。「仏の世界」も「悟りの境地」も見たことがないものにとって、この説明はあまりに不親切である。月の石をはじめて見る日本人に、それが月の石であるかどうか判断できないのと同じである。月の石のかわりに、そこに漬け物石が置いてあっても、わからないかもしれない。ツキノイシとツケモノイシならば、早口で言えば、あまり区別がつかない。

本書はマンダラについての入門書であるが、「仏の世界」や「悟りの境地」というような、それ自体とらえどころのない言葉は、できるだけ用いないようにしている。最後の章で取り上げた「心」も同様である。むしろ、「なぜ仏の世界を表さなければならなかったのか」、そして、「それはどのような方法で表されたのか」というところから、「マンダラとは何か」を考えた。

本書に収められた各章は、巻末の補遺にも記したように、過去にすでに発表した講義や講演の記録、論考などをもとにしている。再録を承諾していただいた関係各位に謝意を表したい。本書への収録にあたり、文体や用語の統一のほかに、新しい情報を加える、あるいは重複する内容を削るなどの改稿を行ったが、論旨に大きな変化はない。

これらの文章はいずれも私にとって思い出深いものである。とりわけ第一章と第二章は高野山大学での講義がもとになっており、高野山ですごした懐かしい日々の思い出と分かちがたく結びついている。第三章と第四章は大阪の国立民族学博物館（民博）で開催された「マンダラ展」をお手伝いしたときの仕事である。万博の跡地に建てられた民博との関わりは、大学院生の頃にはじまる。私にとっての万博公園のシンボルは、岡本太郎氏デザインの「太陽の塔」よりも、黒川紀章氏が設計した銀色の民博の建物である。

作品の掲載にあたっては、小池寿子先生、北村太道先生、加藤敬先生、正木晃先生に図版をご提供いただき、さらに作品の所有者、諸寺院、関係諸機関のご高配を賜った。出版物から転載させていただいたものもある。記して感謝の意を表したい。なお、図版提供者が示されていない写真図版は、すべて私自身の撮影による。

法藏館の西村七兵衛社長と同社編集長の上別府茂氏には、人文書の出版の困難な中で企画を引き受けていただき、感謝の念に堪えない。実際の編集作業は編集部の岩田直子さんのお世話になった。岩田さんの気配りと目配りのきいた編集のおかげで、それまで別々だった六編が、ひとつのまとまったかたちをとり、格段に読みやすくなった。末筆ながら、御礼申し上げる次第である。

二〇〇七年四月

森　雅秀

森 雅秀（もり まさひで）

1962年生まれ。1984年名古屋大学文学部卒業。1990年名古屋大学大学院文学研究科博士課程後期課程中退。1994年ロンドン大学大学院修了。Ph. D.（ロンドン大学、1997）。名古屋大学文学部助手、高野山大学文学部助教授等を経て、現在、金沢大学文学部教授。専門はインド、チベットの仏教文化史。比較文化研究。
著書に『仏のイメージを読む』『インド密教の仏たち』『マンダラ宇宙論』など。訳書にM・ブラウエン『曼荼羅大全』、Ph・ローソン『聖なるチベット』。

生と死からはじめるマンダラ入門

二〇〇七年七月二〇日　初版第一刷発行

著　者　森　雅秀
発行者　西村七兵衛
発行所　株式会社　法藏館
京都市下京区正面通烏丸東入
郵便番号　六〇〇-八一五三
電話　〇七五-三四三-〇〇三〇（編集）
〇七五-三四三-五六五六（営業）

装幀者　杉浦康平＋佐藤篤司
印刷・製本　亜細亜印刷株式会社

ISBN978-4-8318-7433-7 C0015